Truth or dare : Part 2

真心話大考驗 Part 2

適合指數 75%

人際指數 85%

國家圖館出版品預行編目資料

真心話大考驗 Part 2 / 葉汶珊編著. -- 初版.
 -- 新北市：智學堂文化，民103.10
 面 ； 公分. -- (不求人系列；12)
 ISBN 978-986-5819-48-4(平裝)
 1.心理測驗

179.1   103016216

50715-31

不求人系列：12

真心話大考驗 Part 2

編　　著 ─ 葉汶珊
出 版 者 ─ 智學堂文化事業有限公司
執行編輯 ─ 林于婷
美術編輯 ─ 蕭佩玲
地　　址 ─ 22103　新北市汐止區大同路三段一百九十四號九樓之一
　　　　　　TEL　（02）8647-3663
　　　　　　FAX　（02）8647-3660

總 經 銷 ─ 永續圖書有限公司
劃撥帳號 ─ 18669219
出 版 日 ─ 2014年10月

法律顧問 ─ 方圓法律事務所　涂成樞律師
cvs 代理 ─ 美璟文化有限公司
　　　　　　TEL　（02）27239968
　　　　　　FAX　（02）27239668

1.測試他是否真心對待妳

妳常常會苦惱於對方的真誠度嗎？現在請妳伸出右手讓對方握住五根手指中的一根，馬上就能真相大白了。(男性測驗要以左手為準)

A、大拇指

B、食指

C、中指

D、無名指

E、小指

測驗結果

A 他對妳幾乎死心塌地，唯命是從。

説穿了妳是他心目中的崇拜對象，甘心永遠拜倒在妳的石榴裙下，但是他的嫉妒心很強，要小心才是。

B 他對妳可不是那麼單純！

如果妳很欣賞他，願意付出完全的自己，那就無話可說了。但事過境遷後，妳有可能會逃之夭夭。

C 他只想跟妳做個紅粉知己而已。

如果想進一步交往，妳勢必得付出相當大的代價，忍受尖銳的龐大痛苦。

D 他愛妳的崇高精神。

令人無法理解，甚至慇勤到讓妳引起反感，這個時候，妳應該給他一些苦頭吃，訓練他成為真正的男人。

E 他暗戀妳已經很久了！

但是他始終不敢確切流露自己的情感，妳若也對他十分在意，趕快暗示他，相信你們會成為一對很好的戀人。

2.妳個人的愛情定義

如果一生中只能讓妳吃一種東西，妳會選擇吃什麼？

A、麵包

B、泡麵

C、海鮮

D、餅乾

E、蛋糕

F、白飯

測驗結果

A 妳是專一的人。

B 妳是敢愛敢恨的人。

C 妳是花心的人。

D 妳不會專心去愛一個人，但很多人追求妳。

E 妳是敢愛但又放不下的人。

F 妳是沒有人會去欣賞的人。

3.妳浪漫嗎

　　遊玩在山水中，忽然眼前出現飛流直下、美麗耀眼的瀑布，瀑布下有一匹馬在奔馳，馬的顏色是——

A、白色
B、金黃色
C、棕色
D、黑色

測驗結果

A　基本上妳信仰愛情，對浪漫也有一份期待，妳堅信純潔的愛是難能可貴的，而真情必須等待。

B　妳大概是無可救藥的浪漫主義者，骨子裡流著詩人的血液，永遠相信愛情的必要性，如空氣、陽光、水一般重要，經常自我陶醉在浪漫的情境中，不過妳的熱情來得快

去得也快，當感覺消失了，妳才認清現實無所遁形的殘酷。

　　C　妳是理性與感性並重的人，浪漫誠可貴，現實價更高。妳認為感情須以麵包為基礎，因此妳並不苟同肆無忌憚的瘋狂戀情。

　　D　妳是曾經滄海難為水，認為浪漫與感情是徹底無聊與無稽的東西，或許妳感情路走得十分坎坷、一路跌跌撞撞，對於激情恐懼與排斥，妳認為所謂的真情，不過是一種傳說。

4.妳會被哪種人吸引

假如世界末日來臨，妳只能解救一種動物，妳會救以下哪一種？

A、兔
B、羊
C、鹿
D、馬

測驗結果

A 有分裂的人格，外表像冰而內心熾熱的人。

B 重視順從而溫暖的人。

C 優雅及有禮貌的人。

D 不受約束嚮往自由的人。

5.哪種手段使妳情不自禁

在非洲旅行途中，妳造訪了一個部落，部落首領堅持讓妳選一種動物帶回去當紀念品，妳會選哪一種？

A、猴

B、獅

C、蛇

D、長頸鹿

測驗結果

A 有創造性，從不會讓妳感到無趣。

B 直來直往，直接地告訴妳他愛妳。

C 心情搖擺不定，忽冷忽熱，游移不定。

D 有耐性，對妳永遠不放棄。

6.妳想給情人什麼樣的印象

妳做錯事了，上天懲罰妳變成人以外的動物，妳想變成下面哪一種動物？

A、狗

B、貓

C、馬

D、蛇

測驗結果

A 忠誠忠實，永不改變。

B 有個性的。

C 樂觀的。

D 可通融的。

7.哪種個性會使妳與情人分手

假如妳有能力使某種動物消失，妳會選擇哪一種？

A、獅

B、蛇

C、鱷魚

D、鯊魚

測驗結果

A 妳的愛人傲慢自大，表現得像一個獨裁者，令妳很生氣。

B 情緒化，太過喜怒無常，而妳不知道如何取悅他。

C 無情冷血又愛諷刺人。

D 不安全牢靠。

8.妳會有外遇嗎

在一個孤島上，妳只能選一種動物來陪妳，妳會選？

A、狗

B、豬

C、母牛

測驗結果

A 妳重視社會的道德規範，婚後妳不會犯這種錯。

B 妳無法抗拒慾望，很有可能會越軌。

C 妳不會主動，也不會拒絕，但妳會很努力試著不要這樣做。

9.妳對婚姻的看法

假如妳有能力可以馴服所有的動物，妳會選擇哪種動物來當寵物呢？

A、恐龍

B、白老虎

C、北極熊

D、豹

E、鳥

測驗結果

A 妳非常消極，妳不相信有快樂婚姻的存在。

B 妳認為婚姻是件很珍貴的事，一旦結婚，妳會很珍惜婚姻及妳的伴侶。

C 妳害怕婚姻，妳認為婚姻會奪走妳的自由。

D 妳一直想要結婚，但事實上，妳甚至不知道婚姻到底是什麼。

E 妳從來就不夠堅定，事實上，妳不適合婚姻，且妳不想做承諾。

10.此刻妳對愛情的看法

假如妳有5分鐘的時間可以當一種動物，妳會選擇當：

A、獅

B、貓

C、馬

D、鴿子

測驗結果

　　A 妳總是渴望愛情，能為愛情做任何事，但妳不會輕易墜入情網。

　　B 妳非常以自我為中心，認為愛情對妳是可以輕易得到和放棄的東西。

　　C 妳不想被固定的關係綁住，妳只想處處調情。

　　D 妳認為愛情是兩人互相的承諾。

11.他對妳的感情有多深

　　和他共度一個對兩人都十分有意義的日子，沒有妳暗示的情況下，他全憑自己的心思挑選了一份禮物送給妳，會是什麼呢？

A、最新的潮流服裝

B、首飾，也許是一枚戒指

C、邀妳去度假，而且不是一天的短暫行程

D、玫瑰、百合等女人味十足的鮮花、植物

E、成對的小玩意，比如成對的玩偶、對杯等

F、特製的禮物，比如刻上彼此名字的手錶

G、妳最垂涎的美食

H、他自己的隨身物品，比如一直戴著的護身符

I、給妳父母的禮物

測驗結果

A 他一定有點大男子主義，他的積極主動曾讓妳很心動，但是在婚姻中，這樣的性情難免會造成你們的摩擦。往好處想，一個男人肯挑起家庭的重責又能關心妳的細節，不也是非常不錯的一件事嗎？

B 妳的他是個非常有責任感又細心的男人，而且非常愛面子。即便妳不對他索求，他也會盡力給妳最好的。不過，有時候他有點炫耀過頭了，讓妳不知道他是照顧妳的感受還是注重自己的形象。

C 創意的行程，關鍵還是這背後隱藏的含義──旅程中，兩人獨處的晚上，是躲在房間裡嘗試新婚夫妻生活，還是跑到外面去玩呢？在和他相處的過程中，妳會感覺他有點色，但是性與情本就是相通的，這也說明妳對他有十足的吸引力。

D 他認為女人都喜歡花。這說明兩點，一是他沒有經驗；二是他還不瞭解妳，只能用最保險的送禮方式了。

E 他是很孩子氣的一個男人，在婚姻生活中或許還需要妳保護。雖然有時候妳會有點不平衡，但他絕對是個顧

家的好男人。

F 他屬於懷舊型，這樣的男人有著悲觀的情緒，他對現實生活沒有什麼把握，覺得紀念來得更真實。

G 他真的想對妳說句「謝謝妳，親愛的老婆，感謝妳一直以來對我的照顧。」只是他一定不會說，他細心但是務實，如果妳能讀懂他的心思，就是一對佳偶。

H 他確實把妳當成生命的一部分，但是，他也許會保有自己的祕密空間，而這個空間是妳不能涉及的，除非，他真的想讓妳進來。遇到這種男人，走得好你們將是很幸福的一對，而走得不好，也很容易有大的衝突。

I 他很細心，而且懂得讓妳的父母放心。但是，他的這份禮物也許還傳達出一個信號，就是他對這個家庭、對妳還沒有把握，如果一個男人覺得婚姻給予他壓力，是很危險的。

12.恐怖墳墓遊戲

　　妳到異性家的時候，發覺他家的四周都是墳墓，妳會有什麼反應？

　　A、心裡覺得很害怕，並跟他說妳要回家。
　　B、心裡覺得很害怕，但還是跟他進屋子。
　　C、這個房子一定很便宜。
　　D、他家裡一定有鬼。
　　E、住在這裡一定很刺激。

測驗結果

　　A　很會挑選對象的妳，要求妳的異性一定要很完美或是外表姣好，妳才會去跟他接觸，較不會去觀察他的行為舉止，是一個不太注重內在而去談戀愛的人。

　　B　妳對愛情的感應比較遲鈍，但在妳心裡可就很敏

銳，妳總會以猜測的心態去接觸妳所心儀的對象，不過事實通常都與妳所想的互相矛盾，而妳也會因此感到失望，如果有異性相當關心妳的生活，妳會因此而喜歡上他，可是妳又不敢開口，等到妳要向他表白時，他已經另有對象了，建議妳要把握機會，千萬不要錯失良機。

C 妳對另一半的條件要求，也是很嚴格的，妳較注重內在的修養，外表則是其次，也就因為這樣，妳的對象常常換來換去，不過這都是妳心裡所想的對象。

D 老是在工作的妳，根本就沒時間談戀愛，常會有人在暗戀妳，但妳卻不曉得，所以說，像妳這樣的領導人物，通常都會比較晚婚。

E 妳對愛情的定義並不是很贊同，因為妳覺得談戀愛就好像是在玩親嘴的遊戲，所以妳很期盼有個能夠與妳真心相愛的異性，而不是局限於外貌的姣好。

13.家庭觀念測試遊戲

　　假設，妳是一個良家婦女，有體貼的丈夫，有乖巧的兒子，有溫暖的家。有一天，家中經濟陷入困境，有一個富翁要出一百萬元和妳做愛並共枕一宿，妳會：

A、為了家庭，不惜忍痛犧牲自己。
B、一口回絕。
C、看得很開，反正和誰做愛都一樣，還有錢可以拿。
D、瞞著丈夫，偷偷去做。

測驗結果

A 　選這個答案的人，很明顯的是一個家庭觀念非常重的人，相對來說「性」的重要性就沒有家庭利益來得重，所以妳會忍痛犧牲。由這個選擇看起來，妳的「性」觀念也是屬於很傳統的類型，因為妳覺得和別人上床是一種犧牲，當然是妳覺得這是一件很不道德的事，而且妳心裡也覺得這

是一種折磨，所以妳是那種認為合法、正常的「性行為」，需要有婚姻來作為基礎的人，「性」不是妳的全部，也不是妳的人生重心。

B 會一口回絕的人，是屬於精神性「性愛觀」的人。說白一點，就是妳如果要和一個人上床，這個人的內在素質必須得到妳的肯定，上床之前必須先有感情作為前提。

因為妳認為肉體的結合是精神和情感相契合的象徵，如果沒有情感，那麼肉體的結合就是和動物交配沒有兩樣。所以叫妳為了錢去出賣靈肉，這是不可能的。

通常妳做愛時很注重氣氛和情感，而且妳把妳的「性」看得很重要，認為這是很重要的一部分，甚至比妳的家庭還重要，在性方面，妳可以說是個自我主義者。

C 選這個答案的人，雖然不至於淫亂縱慾，不過也是個「性觀念」很開放的人。在妳的觀念裡，妳覺得做愛是一件很享受的事，本身不會覺得心裡有太多的負擔和包袱，道德意識和罪惡感也沒那麼重。所以，只要是合理的情況下，即使妳和對方沒有好感和感情，妳也可以逢場作戲，狂歡一夜。妳是屬於享樂主義型的人，「性」有可能會成為妳人生的重要部分，搞不好妳為了「性」會連愛人和家庭都不

顧，一生只為享樂。

D 選這個答案的人，除了道德意識和貞操觀念勝過「性觀念」外，也是個對自己很沒信心，很在乎別人看法的人，尤其是自己的愛人或親人。

這種人不太敢去享受「性」的歡愉，寧可把慾望壓抑在心底，這大概和妳很在意別人的看法，很容易受人影響有關，妳總是想要形象和慾望兼得，所以妳會隱瞞事實，即使妳是為了家庭，妳也怕這件事會給妳帶來困擾。妳是個表裡不一的人，壓抑慾望是妳「性愛」性格中的一大特色。

14.妳出軌的機率有多大

把每一題的分數加起來，再對照最後的結果。

1.妳每個月花在衣服或外觀上的錢多嗎？

A、還不少，常常被別人叨唸 (1分)

B、有點多，不過我會節省其他方面的開銷 (3分)

C、不多，穿著只要不失禮就可以了 (5分)

2.妳本身是否喜歡閱讀一些關於愛情的書籍呢？

A、很少看，我覺得書上寫的都沒有什麼用 (1分)

B、其實不多，真的很不順才會去看這些書 (3分)

C、我滿喜歡看的，而且常常感動得痛哭流涕 (5分)

3.妳認為自己是一個不容易控制情緒的人嗎？

A、很容易受人影響，脾氣也不好 (1分)

B、會生氣，不過也會試著和對方做溝通 (3分)

C、不喜歡生氣，常常把情緒壓抑在心裡 (5分)

4.妳覺得死後的世界最好是怎樣的光景？

A、有很多奇怪的人，新奇好玩的地方 (1分)

B、全部都是好人，和氣祥和的地方 (3分)

C、有很多談得來的好朋友的地方 (5分)

5.常常一覺起來不知道今天到底要做些什麼事情？

A、沒錯，感覺生活很空虛，像在行屍走肉 (1分)

B、知道該做什麼，不過會害怕一個人獨處 (3分)

C、有很多事情要做，常常覺得時間都不夠 (5分)

6.如果想一個人躲起來，妳會選擇怎樣的地方？

A、崇山峻嶺，人煙罕至的地方 (1分)

B、世外桃源，別人永遠找不到的地方 (3分)

C、無人的島嶼，別人想也想不到的地方 (5分)

7.萬一坐飛機時，機長宣布可能墜機的消息，妳會？

A、很害怕，乾脆睡一覺，把生命交給上天 (1分)

B、坐立難安，就算不幸也要親眼目睹生命的最後一刻
(3分)

C、打電話給一輩子最珍惜的人，跟他說心底最想說的
話 (5分)

8.妳覺得自己是一個超級自戀的人嗎？

A、其實我很怕照鏡子，總擔心會情不自禁地愛上自己 (1分)

B、如果在外面風光得意，可能就會照鏡子看一下自己 (3分)

C、我照鏡子通常只是整理儀表，很少駐足長看 (5分)

9.妳曾經有過輕生的念頭？

A、偶爾，其實很怕死 (1分)

B、不如意時，就會有這種可怕的想法 (3分)

C、有，而且還曾經偷偷試過 (5分)

10.如果只能有一項特質，妳會選擇怎樣的伴侶？

A、有錢多金的另一半 (1分)

B、身材面容姣好的另一半 (3分)

C、知心談心的另一半 (5分)

測驗結果

20分以下
妳容易有外遇第三者的麻煩。

21~30分
妳容易有跟情人個性不合的麻煩。

31~40分
妳容易有跟情人意見不合的麻煩。

超過40分
妳容易有反對勢力介入的麻煩。

15.妳一生會遇到幾次戀情

如果妳有男女朋友了，妳覺得以下哪件事會是你們最喜歡做的事呢？

A、一起到沙灘漫步

B、一起逛街買東西

C、一起到咖啡廳喝下午茶

D、一起聊天或是看電影

測驗結果

A 妳會遇到的戀情在兩次以下

妳是個很重情的人，也很珍惜目前雙方的感覺，所以妳不會主動背叛，若是順利美滿，這輩子可能就此相偕到老，廝守終生。只是死心眼的妳也最不能承受情人的背叛，一旦對方對不起妳，妳便有可能放縱自己，甚至可能因此輕生尋短。

B 妳會遇到的戀情可能連自己都數不清

妳很隨性，也喜歡結交不同的異性朋友，常常是看順眼就在一起，不順眼就分開，所以妳總是戀情不斷，卻幾乎從來沒有一段感情是真正讓妳有印象過。也許隨著年紀大了，或是婚姻的承諾與束縛，妳才可能收起那份放蕩不羈的輕狂歲月。

C 妳會遇到的戀情是3～5次

妳不習慣跟異性聊天談心，即使有了對象也是一樣，讓人捉摸不定妳的想法，對妳始終沒有安全感。所以一旦發生誤會，即便妳心裡再怎麼不願意，對方都可能因為妳總是不解釋原因而憤然離去。妳的戀情都很長，卻不容易妥善維持。

D 妳會遇到的戀情五次以上

妳太習慣定義愛情，也喜歡對另一半頤指氣使，不肯真正用心去關心他的感受，唯有失去之後妳才可能恍然大悟，想要好好珍惜，對方卻不再給妳任何機會。有一次經驗學一次乖，一般來說大概五次，妳便知道如何拿捏異性的心理情緒。

16.妳擁有幸福的機率高嗎

　　假設妳到渡假村玩，已經過了12天了，眼看著再過兩天就要打道回府，但知心好友托妳買的東西卻一直沒有機會和時間去買，讓妳顯得有些著急，請問這樣東西是什麼？

A、當地土產

B、衣服和飾品

C、家飾品

D、藥或健康食品

測驗結果

　　A　妳做事很有分寸、做人很有禮貌，在愛情的世界裡也能應付自如，更重要的是妳很有信心，有足夠的能力去掌握自己想要的愛情，而不是被愛情所左右，因此得到幸福的機率當然高於一般人。

B 愛情是需要經營的，偏偏妳總是用糊塗、隨意的心態面對愛情，當愛情運還不錯的時候可能勉強過關，可是一旦稍有差池時問題如排山倒海而來，妳將會為愛情付出難以計算的代價，常陷於愛情苦海中。

C 妳是一個善解人意又具有包容力的人，完全符合擁有幸福愛情的條件，雖然妳難免也會遇到來自於愛情的挫折或失敗，但最終妳還是可以運用自己優秀的特質化險為夷，迎接更美麗的愛情生活。

D 妳雖然異性緣很不錯，但是也很容易被愛情騙子盯上，搞得自己灰頭土臉之後，卻什麼都得不到；有時也會因為太渴望愛情而變得飢不擇食，最後只好一邊流淚一邊收拾殘局。

17.愛情中對自由的態度

妳認為最難處理的是：

A、蛋漬

B、血污

C、花草

D、家事

測驗結果

A　妳可以承受一定的壓力的白月性情。

B　心性易隨月圓月缺而變。

C　拒絕服從他給妳的壓力。

D　渴望完全自由。

18.妳容易讓人有性衝動嗎

如果讓妳跟魔鬼交換靈魂，妳希望得到什麼利益？

A、一輩子愛妳的真愛

B、一輩子沒煩惱的生活

C、一輩子的好名聲

D、一輩子用不完的財富

測驗結果

A 説話甜死人的妳，聽到妳的聲音就會衝動，讓人性衝動的指數80%

這類型的人想法很感性浪漫，當人家跟他談話時就會有意無意地感受到他的溫柔跟體貼，另一半或者任何的異性聽到的話，自然而然久而久之就會產生性的衝動。

B 身材太誘人的妳，讓人忍不住想死盯著妳看，讓

人性衝動的指數50%

　　這類型的人外形或者身材在團體中很容易就受到大家的矚目，最重要的她會讓人家產生一個距離感，讓人只是會有欣賞的舉動。

　　C　**妳太正派理性，異性最多在腦中閃一下不會有行動，讓人性衝動的指數20%**

　　這類型的人屬於教官型，外表比較男人味，有獨特的魅力，雖然很正直很正派，但是給人家的印象還不錯，但是怕進一步被拒絕，或是被訓話，不如就僅止於欣賞就好了

　　D　**性魅力太強的妳，動不動就勾起異性原始慾念，讓人性衝動的指數99%**

　　這類型的人走實力路線，最重要的是他有自信心，他的自信心散發出來時，異性看到時就會覺得很有魅力。

19.從死亡方式看愛情

如果有一天妳意外喪生，妳希望選那一種方式：

A、飛機墜落失事

B、瓦斯中毒缺氧

C、從懸崖墜落

D、白天被暴徒刺殺

E、夜晚被強盜殺害

F、海邊被海浪捲走

測驗結果

A 妳是發生辦公室戀愛症候群的危險分子，妳天生不甘寂寞，又缺乏安全感的心靈，會非常希望在一個小團體尋找一個能互相瞭解、慰藉的異性，至於能不能終成眷屬，就要看造化了！

B 妳很古典，妳是屬於細水長流、溫火慢燉型的。妳的愛情哲學是慢工出細活，所以妳的纏功、粘功、磨功是一項獨門絕技，但是這種愛情是禁得起考驗和珍惜的。

C 妳適合的結婚方式是高空彈跳，只有不斷地變化，追求冒險刺激，才能滿足妳善變多面的心。基本上，妳的另一半不是比妳更善變，就是要多裝一顆人工心臟。

D 妳的愛情是非常感官式的，而且來者不拒，對另一半外表要求比較高，更可怕的是妳經常會有一些「綺夢」，而且妳非常希望能夠一一實現。

E 妳外表看起來是個悶葫蘆，其實內心早已悶燥到攝氏一千度，說實在的，只要一句話，妳馬上就宣布全面無條件棄械投降，所以妳期待的是一個大膽、坦白、直接的愛情方式！

F 亂！亂！亂！妳經常陷身於剪不斷，理還亂的男女關係，誰叫妳自命風流，又優柔寡斷，奉勸妳不要太過風流，到時候妳被哪把菜刀砍死都不知道！

20.妳變心的速度有多快

　　如果妳一個人在房間裡面睡覺，妳的房間沒有鎖，房門突然被打開，妳的直覺是誰進來了？

A、妳爸或妳媽

B、妳的小狗或小貓

C、妳的戀人

D、被風吹開

E、小偷

測驗結果

A 變心指數55

　　妳發現對方說謊欺騙妳，妳就會生氣變心。這類型的人在愛情的性格上，在交往的時候會100%的信任對方。如果發現對方竟然欺騙自己，這時候會非常生氣而變心。

B 變心指數20

只要讓妳愛上了，一輩子都很難變心。這類型的人不會很輕易地愛上一個人，如果真的深深愛上一個人時會愛得執迷不悔。

C 變心指數40

變心機率很低，除非對方先變心提分手。這類型的人在個性上很怕失去的感覺，因此對方做任何事情妳都可以包容，絕不會輕易地主動提分手或變心。

D 變心指數80

當夢中情人出現，妳就會對舊愛變心。這類型的人對愛情有企圖心，對目前的對象不是很滿意，會追求更好的戀人。

E 變心指數99

變心速度超快的妳，只要感覺不對說變就變。這類型的人跟著感覺走，只要對方一個眼神不對，或是講句話讓妳不爽，妳就會想分手。

21.妳會為了什麼而變心

> 　　假設妳已經戀愛多年，遲遲沒有結婚，或者妳已經結婚，而妳不喜歡這段婚姻。試想一下，妳分手或離婚的原因會是什麼？
>
> A、覺得他對妳已沒有吸引力，不想再愛下去。
> B、彼此有明顯不同的人生價值觀，不同的個性。
> C、經濟問題。
> D、他劈腿(外遇)。

測驗結果

A

　　愛情分析：妳有喜新厭舊的性格，容易挑剔對方的缺點，因此妳在還不了解時，反而與戀人有較好的關係，了解之後便產生厭倦之心。妳需要的愛情，應當有許多虛假的包裝，才能使妳有浪漫情懷，為他的虛情假意感動和陶醉。做

妳的戀人或伴侶，必須了解妳的需要。

變心分析：如果妳的戀人沒有足夠的條件來掌握妳，應當知難而退。妳的挑剔和易變個性，使妳難以駕馭在愛情世界裡。妳若等待適當的人出現時才去愛，很容易迷失在情感漩渦裡。如果妳自己的條件好，將使妳更難找到永久的伴侶。

建議：妳需要一個懂得浪漫的愛人，實實在在過日子的人不適合妳。而且，如果妳想擁有穩定的婚姻，妳也應該學會改變自己，畢竟愛情不是充滿甜言蜜語的兒戲，人會老、心會累，所以，還是踏踏實實過日子比較好，只要他愛妳。

B

愛情分析：妳對自己充滿自信，使妳在愛情中無法輕易欣賞對方的才能。妳的看法是他雖然有很多優點，但缺點也是一籮筐。雖然他很有品味，他很懂得扮演一個適合的戀人來陪襯妳，但妳的名利心較重，常常使妳無法長久留在一個小人物的身邊，妳需要的是十項全能的戀人。

　　變心分析：太過理性是妳變心的原因，妳常常有充分的理由使對方啞口無言，當妳遇到心情不順、感情不夠和諧時，容易找到各種理由，以性格不合而分手。

　　建議：妳需要一位不會回嘴和妳發生爭吵的戀人或伴侶，無論妳如何指責他、冤枉他，他也不反駁；最好他能向妳道歉、聽從妳的意見，才能挽回妳的愛。

C

　　愛情分析：公平與責任是妳愛情關係的主要特色，當妳受到平等尊重的待遇，才能感到被愛。妳對愛的需要並不多，只要他是理想人選，有理想條件、有品德、有人生目標、有理想，妳就會永遠陪伴在他身邊。

　　變心分析：妳的工作不適合過於緊張，不能承受太多壓力是妳變心的原因。當妳對生活感到不滿足時，常責怪妳的戀人或伴侶，他若不能分擔一半責任，妳便會與他分手。

　　建議：妳應當注意對方的條件與經濟能力，對方應能給妳安全感與分擔妳的憂愁，才適合做妳的戀人或終身伴侶。

D

愛情分析：妳是沒有自信的人，需要熱情的愛情、需要戀人較多的關懷，妳認為忠誠的愛情很少有，因此妳的愛情需要較多的保證，才能使妳放心地去愛他。

變心分析：妳因為自知無法掌控戀人而離去，多半是對方甩掉妳，但也有妳自知之明的時候，使妳不得不甩掉他。

建議：妳應當訓練能力去鑒定人以及真假愛情之別，使妳有勇氣去愛，去處理感情問題，並能永遠留住他，讓他明白妳是值得他愛的人。

22.妳的戀愛底線

當妳一個人在小餐館裡喝了一瓶啤酒之後覺得心情特別好，那麼接下來妳會點下列哪種下酒菜呢？

A、滷味拼盤

B、花生等堅果類拼盤

C、爆米花

D、辣味烤雞翅

測驗結果

A 　對妳來說，戀人絕對不可以剝奪妳跟朋友的聚會時間。妳將朋友和戀人視為同等重要，會花很多時間跟自己的戀人在一起，可是同樣也希望他可以給自己時間去和朋友聚會，最好不要從中阻撓。

B 　妳是一個超級自我的人。凡事都要以妳的意見為

出發點，覺得兩個人相互溝通，最終要有一個人妥協簡直是太無聊了，只要每件事情都聽自己的準沒錯。如果戀人不配合時，妳會立即翻臉。

C 妳是戀愛至上的愛情奴隸，戀人在妳的眼中就是世界中心，只要可以和他在一起，沒有什麼好堅持的。妳會覺得兩人世界中沒有大事情，凡事只要都聽對方的就好了，為了堅持一些小事而傷了感情才划不來呢。

D 妳是個工作狂，絕不會因為兒女私情而耽誤工作，非常公私分明。私底下，無論戀人怎樣要求，妳都會盡力地去配合順從，但是工作時間妳則會非常的敬業，絕對不能容忍戀人的無聊打擾。

23.妳會遭遇三角戀嗎

下列中，妳會挑哪一種戒指？

A、高價的名貴戒指
B、小型的鑽石戒指
C、奢華吸睛的大戒指
D、精巧細緻的優雅戒指

測驗結果

A 選名貴戒指的人，到最後關頭，一定捨友情而取愛情。這類型的人，一有談戀愛的機會，立刻拋棄朋友，嘴上雖說友情不渝，但到時候，不能保證不惜背叛長久友情。

B 選小鑽戒的人，誠實明理，本身不想傷害朋友，但容易為愛情所困，易陷情網。若碰上三角難題，會獨自苦惱，極度掙扎，最後還是甘願做愛情奴隸，選擇戀情。

C 選大戒指的人，是自我中心、唯我獨尊型。善妒、對朋友的戀情，毫無祝福的雅量，卻把自己的戀愛和婚姻置於友情之上。所以如果遇到喜歡的人，不管是跟誰交往，照攻不誤。

D 選精巧戒指的人，富體貼之心，處處替別人著想。自己就算有了愛人，依舊珍惜友情；理智，不輕易行動，以誠意溝通，化解三角難題。

24.誰會是妳愛情裡的剋星

妳認為當寵物最幸福的事情是什麼？

A、每天能睡覺睡到自然醒
B、不用辛勞，每天都能按時吃東西
C、不用受氣，天天受主人寵愛

測驗結果

A 深邃神祕的異性會是妳的愛情剋星

　　天生有點敏感又不太真正擅長揣摩人心的妳，其實比較習慣有什麼就說什麼的交往模式，一旦愛上稍微難懂的異性妳就會開始不由自主地失控了，一心想要掌控，因為妳自信心很強，希望對方的一舉一動或任何反應都在自己掌控之內，妳的思緒就會繞著對方轉，結果沒搞定對方自己卻變得愛胡思亂想。

B 花言巧語的異性會是妳的愛情剋星

個性單純的妳，有時候看起來也許還有點城府，但其實很好騙，一旦遇到舌粲蓮花的愛人，妳就很容易被他牽著鼻子走。妳內心深處其實非常單純又孩子氣，深信戀愛的基礎是信任，更深信對方不會欺騙妳，所以當對方有心要騙時，只要給妳一個沒有嚴重邏輯衝突的理由，妳都會相信。

C 柔弱的異性會是妳的愛情剋星

天生正直又有同情心的妳，最無法抗拒的就是弱者或者需要妳扶持的人了。如果情人撒嬌裝柔弱，或是正好運勢不順需要幫助，或是一直死皮賴臉讓妳照顧，妳就會完全控制不了自己，掏心掏肺地去照顧、幫助對方，傾盡全力地去滿足對方的要求。

25.妳為什麼還沒有另一半

假設警察現在抓到四名嫌疑犯，妳覺得哪一個是小偷？

A、賊頭賊腦的中年人

B、叛逆的少年

C、一臉凶相的大老粗

D、面相忠厚的老實人

測驗結果

A 　心還不定的妳連自己也不知道到底理想中的另一半長什麼樣子。這類型的人內心深處不管幾歲心都還定不下來，未來的另一半到底是怎樣的人自己都還無法確定，不清楚哪一種人才是自己真正需要的，心靈還屬於不安定的狀態中。

B　妳有自己所堅持的，目前還沒找到合乎標準的對象。這類型的人內心深處要找的是結婚對象，因此考慮的比較深遠，對方的個性、外型以及跟家人的相處、人品學歷等等，都在考慮的範圍之中，妳的堅持是為了未來著想。

　　C　沒有目標的妳，真愛常與妳擦身而過卻不自知。這類型的人少根筋，常常讓身邊的人為妳傷腦筋，很多很好的對象都在四周，甚至暗示妳，可是妳完全渾然不知。

　　D　容易愛錯人的妳，常常被對方玩弄而孑然一身。這類型的人心地太善良又太容易相信人，相愛的時候他說什麼話妳都相信，即使別人好言相勸妳也不聽，因此被玩弄後造成孤單一人。

26.為什麼男人不疼妳

當妳看到一個排球時，妳第一個聯想到的畫面是？

A、小孩子的心愛玩具

B、陽光、少年、沙灘玩球

C、奧運選手的比賽用球

D、人妖們正在打排球

E、泳裝美女一起玩球

測驗結果

A 態度忽冷忽熱，讓男人搞不懂妳。

這類型的人內心深處還保有赤子之心，有孩子的任性，剛開始男生會覺得妳很幽默很可愛，會有很多耐心陪伴妳，可是最後還是會感到累的。

B 有媽媽的味道，男人只想讓妳疼。

這類型的人內心深處剛跟對方交往時，母愛很容易就散發出來，不管是金錢上或者是物質上都想要照顧對方。

C 不懂得看臉色，讓男人覺得很無奈。

這類型的人完全活在自己的世界裡，連自己的情緒都搞不定，因此根本沒有餘力照顧男人的情緒。

D 回家就不打扮，把另一半當瞎子。

這類型的人內心深處喜歡自由自在的感覺，工作完一下班之後她就會穿上自己最舒服的衣服，讓對方認為當初交往的美女怎麼變成了一個歐巴桑。

E 情史太輝煌，男人害怕被妳宰掉。

這類型的人對自己很有自信，所以妳散發出的魅力會吸引到很多的男性，這時候妳的另一半就會覺得自己是不是哪一方面不夠強或是不夠好。

27.找出妳的愛情弱點

　　一天，妳在自家的庭院裡面發現了一隻受傷的兔子，妳認為牠哪裡受傷呢？

　　A、腳趾
　　B、嘴唇
　　C、耳朵

測驗結果

　A　愛情弱點：心太軟

　　當斷不斷必受其亂。當妳遇到小三的時候，妳的這個致命弱點就充分暴露出來了。一旦妳不能給小三致命一擊，讓她留有活口，絕地反擊的往往就是小三，而最終的失敗者一定是妳。記住，成者為王敗者寇這個道理在任何戰場上都適用。

B 愛情弱點：記性太好

妳清楚記得每一次吵架時，他說過的所有氣話，其中包括討厭妳的、埋怨妳的甚至是詛咒妳的話。這麼多的負面記憶填在妳的腦海裡，無論走到哪裡都有可能從妳的大腦裡面跑出來一點點，讓妳發飆，這樣會讓妳的形象大打折扣。

C 愛情弱點：太單純

在愛情中，單純並不是什麼好詞，特別是當妳的戀人這麼形容妳的時候，妳就要格外小心了，百分之八十他有可能利用了妳的這一項弱點做了什麼對不起妳的事情，所以每當他這麼誇妳的時候，妳一定要對他多加觀察和留意了。

28.妳易墜入哪種愛情陷阱

某一天妳來到了奇幻世界，妳希望和誰做朋友？

A、花仙子

B、水妖

C、風神

D、樹靈

測驗結果

A 妳單純天真，相信並嚮往一切美好的事物，因此在戀愛時最容易掉進對方「甜言蜜語」的陷阱中。

B 妳容易悲觀，對每一段感情都無法信任，常常幻想一個悲劇的結局，因此妳戀愛時最應該提防「自我催眠」的陷阱。

C 妳個性自由散漫，不喜歡受到約束，戀愛時最喜歡「互不干涉」，但要小心這是個陷阱，對方也許已經移情別戀。

D 妳忠誠專一的愛情態度會令妳在戀愛時過於執迷，妳最容易掉進「從一而終」的陷阱，即使明白對方並非善意，也依然願意犧牲自己成全對方。

29.妳會不會舊情復燃

下列圖形，根據妳的選擇，可以窺探妳真正的心意，幫助妳做出明智的決斷。

A、三角形物體

B、方形物體

C、圓形物體

D、圓柱形物體

測驗結果

A 其實，妳的心底泛起的，不是對他的愛，而是對舊日情懷的依戀，這說明妳對他不再有任何感覺，即使能暫時和他在一起，你們仍免不了重蹈覆轍，還是別自欺欺人了。要當心的是，對方完全有可能是故意設下一個溫柔的陷阱，企圖打動妳的心，擾亂妳的生活步調。

妳千萬不要濫施同情心，一旦再次陷入對方的圈套，

付出的代價可就大了，妳不該好馬又吃回頭草的——不管他是真的也好，假的也罷。

B 妳心中仍對他存有愛意，甚至妳早已後悔當初和他分手。如今既然他出現在妳面前，對方也是心懷舊情，你們重修舊好的希望甚大！儘管當初分手，有錯的一方在妳，但是他仍然如此依戀於妳，表示妳具有無限魅力，令對方欲罷不能。不過，在今後的日子裡，妳就應當小心謹慎，好好珍惜這份重回的愛。

C 看來，妳是準備重新接納他了！雖往事不堪回首，但癡情又寬容的妳對他的愛依舊很深，而且感動於他的，相信妳會好好對待他。有了前次的教訓，妳不妨轉守為攻，在愛情上積極一點也未嘗不可。想必你們的生活會比以前更加如魚得水，真是可喜可賀！

D 首先可以肯定的是，你們從前的分手，絕對不是雙方都願意的；或許，沒有他的這段日子，只是老天對你們雙方的考驗而已。現在破鏡即將重圓，你們牽手的時間也快了！還有，妳的親友們已聽夠了你們冗長的愛情故事，最好還是早日選擇佳期步入婚姻，別再拖拖拉拉為妙！

30.情場上，妳的賭性如何

當妳寫情書時，最後的結語妳想寫：

A、我無時無刻不在想著你

B、今生今世你是我的最愛

C、但願每天都能陪在你身邊

D、千言萬語難以傾訴我的愛

測驗結果

　A　妳可能是個快手下注的人，鎖定好目標就賭下去，要是輸了，很快就找尋下一場來賭。

　B　妳不太敢賭，因為妳怕輸，可是萬一隨著交往時日的累積而決定一賭，就會一把下注得很大。

　C　妳的賭性有韌性，不到最後勝負底牌的分曉，絕

不輕言半途而廢，還好不會一下子賭太大。

D 妳往往會先衡量勝算的機率有多大，再來斟酌應該下多大的注，不會一賭上就頭昏腦脹。

31.妳的愛情狀態

深夜，在酒吧的吧台前，年輕男女喝著雞尾酒。猜猜看他們正在喝什麼酒？

A、美麗的紅色基爾酒。

B、神祕的藍色藍帶吉利。

C、光豔的黃色貴婦人酒。

測驗結果

A 完全投入型

妳絕對不喜歡無趣的人，而這一點反而成為妳的危險因素。即使妳平時是慎重的人，一旦喜歡上一個人就會全心投入，甚至為了他，一切都可以拋棄。不管周圍的人怎麼勸妳，妳都煞不住。這樣的人一旦做出傻事，恐怕會是非常悲劇的結局。

B 陶醉型

妳容易陶醉在甜美的氣氛中，為戀而戀。一旦戀愛，就會心馳神往，心中充滿不切實際、甜蜜的渴望。特別是女性，總是做浪漫的夢。若是男性，則有點愛慕虛榮，先入為主地有一種「戀愛應該是這樣」的幻想，有時會使對方為難。

C 自我抑制型

妳的情形是，喜歡上一個人，而且很快被他吸引，但之後會不知不覺地開始冷靜地看待對方。妳的性格現實而不太浪漫，但這並不代表妳不喜歡他。妳對異性的戒心過強，對方一靠近妳，妳反而疏遠他。妳應該調整好自己的情緒，感覺喜歡就應相信自己的心，並展開攻勢，要有勇氣把自己的熱情表現出來。

32.戀人變心妳會怎麼樣

請問他的哪種眼神會讓妳愛上他？

A、純情又單純的眼神

B、有一點壞、酷酷的眼神

C、崇拜妳，視妳為偶像的眼神

D、挑逗妳、迷戀妳的眼神

E、看妳看到發呆的眼神

測驗結果

A 妳會因為戀人讚美別的異性，或是和舊戀人聯絡而打破醋罈子。如果戀人真的移情別戀，妳根本無法忍受，而且妳在嫉妒心發作後，不僅憎恨戀人的背叛，更討厭與戀人有關聯的其他異性。建議妳把握好忌妒的界線，不要輕易超越，因為那樣只會傷害妳自己。

B 妳在妒忌心發作時會做出一些可怕的事，事後連妳自己也覺得不可思議。妳無法忍受戀人變心，因而很容易做出許多衝動的事來傷害自己和對方。切記感情是不能勉強的，放過戀人也等於放過妳自己。

C 妳的妒忌心不太強，因為妳有很強的自戀傾向，所以當戀人移情別戀，剛開始妳可能會傷心難過，但會在最短的時間內讓自己重新振作，努力散發出自己的魅力和電力，然後再找一個適合自己的意中人。

D 當戀人移情別戀，妳那「蠢蠢欲動」的心會讓妳忘掉對方帶給妳的痛苦，而以最快的速度去發展一段新戀情。妳覺得對方移情別戀已經讓妳很沒面子，若還要為此傷心難過，那真是天下最無聊的事情，還不如再次享受戀愛的甜蜜滋味呢！

E 當得知戀人背叛妳，妳那慢半拍的反應會讓傷害降到最低限度。妳最好選擇離開一陣子，去旅行或是換個工作，也可多交一些新朋友，這些都能令妳的生活有所改變，妳也不會再去鑽牛角尖了。

33.妳在戀愛中的態度

計分標準：請統計回答「是」的數目。

1.相對於冷色系的顏色來説，妳更喜歡暖色系。

2.是急性子的人。

3.不愛聽別人的意見。

4.經常換髮型。

5.過去有過「腳踏兩條船」的情況，或現在正是這樣。

6.喜歡追求刺激。

7.到現在為止交往過的男(女)朋友不超過三個人。

8.即使失戀了也恢復得很快。

9.食慾經常很旺盛。

10.上課時，就算是沒有把握也積極回答問題。

11.有戀人後，就會以戀人為生活的中心。

12.即使有不高興的事，睡一覺就會忘掉。

13.能較多地考慮對方的心情。

14.雖然機會很小，但是喜歡上了也沒有辦法。

15.認為友情發展到愛情的機率很小。

16.認為在與戀人的交往中，和諧相處重要。

17.幾乎都是我向異性表白。

18.認為「戀愛是沒有理智的」。

19.在四個季節中最喜歡夏天。

20.喜歡聖誕節、生日聚會等。

測驗結果

16個以上：**很積極**

在戀愛中妳屬於很積極的類型。只要喜歡就勇敢地去表白，認為首先要向對方表達自己的想法，然後才能了解對方並進一步交往，所以總是表現得很積極。

11～15個：**朋友的協助會增強妳的積極性**

在戀愛中比較積極，但只是思想積極，在行動上卻常常望而卻步。這時，朋友的支持是很重要的，因為本來就有積極性，所以在受到幫助和鼓勵時會付諸行動。

6～10個：**愛管別人的事，但一到自己身上……**

妳對別人的戀愛能給出積極的、有效的建議，但是一

到自己身上就變得很消極。舉個例子，朋友向妳說她的戀愛故事時，妳能給她各種建議，但對自己的戀情，即使朋友給妳提了建議，妳往往都不能接受。

5個以下：過於消極

過於消極的類型。不會向對方表白自己的愛慕之情，即使開始交往也不會主動給對方打電話，也不會表現出「喜歡」的樣子。如果總是過於消極，對方討厭妳的可能性就變很大。

34.妳的網戀會怎樣

1.上網時間久了，妳會有怎樣的感覺？

A、覺得一切越虛幻，產生了不安全的感覺，想逃離回到現實中→(2)

B、更加依賴虛擬的感覺，有一種上癮的傾向，深陷不能自拔→(3)

2.妳最害怕怎樣的處境？

A、身邊沒有一個可以信任的朋友，整日孤獨寂寞→(4)

B、周圍喧囂吵鬧，讓自己根本無法靜下心做事→(5)

3.這兩種生活，妳寧願選擇哪一種？

A、優越的生活條件，但妳愛的人卻不在妳身邊→(6)

B、擁有妳愛的人，但是生活一貧如洗→(7)

4.妳的戀愛經歷更傾向哪一種？

A、愛在心頭口難開，有過暗戀的經歷→(8)

B、愛就大膽表白，愛過也痛過→(9)

5.妳的父母在妳心中是哪一種類型？

A、比較開朗，可以接受年輕人的思想→(10)

B、比較保守，總站在傳統思想的立場→(11)

6.選擇首飾，妳會傾向選擇哪一種？

A、晶瑩璀璨的飾品，使自己在人群中更奪目耀眼
　　→(12)

B、優雅精緻型，襯托得讓自己更有氣質→(13)

7.妳更喜歡哪種風格的歌手？

A、孫燕姿似的氣質實力派歌手→(14)

B、王心凌似的青春偶像派歌手→(15)

8.當現實和想像不符合，重重打擊妳後，妳通常的表現
是——

A、忍住眼淚，重新振作，打起精神投入自己的人生
　　→(11)

B、需要時間調整自己的心態，有時需要親友的慰藉
　　→(13)

9.妳是哪一種人？

A、與其生活在現實中，不如生活在想像裡→(14)

B、與其生活在想像裡，更願生活在現實中→(15)

10.妳喜歡妳的網戀對象給妳的感覺是——

A、親切、通情達理，可以幫妳解決生活中的困惑
　　→ A

B、博學多才，幽默聰明，讓妳產生崇拜之情→(11)

11.妳更喜歡哪種風格的作家？

A、不慍不火，娓娓道來，在平靜中參透人生，以冰心、
　　張曼娟、張小嫻為代表→ B

B、濃墨重彩，挑剔冷眼領悟人生，以張愛玲、李碧華
　　為代表→(12)

12.妳目前對人生的理解更傾向於哪一種？

A、有緣則聚，無緣則散，正如一場戲→ C

B、任何事都是靠自己爭取才會實現，美好人生也是

→(13)

13.妳認為男人最有魅力的年齡是——

A、年輕時，朝氣蓬勃，意氣風發→ D

B、中年時，事業有成，瀟灑成性→(14)

14.和妳的網戀對象約會，妳會選擇——

A、麥當勞、肯德基之類的人多、輕鬆氣氛的速食店
　　→ E

B、咖啡館、下午茶店之類的僻靜優雅的地方→(15)

15.妳所喝的飲料一般是——

A、固定一個牌子，比如鍾愛可口可樂→ F

B、喜歡嘗試各種飲料，尤其是新上市的品牌→ G

測驗結果

A 朋友

　　從妳的潛意識來看，無論妳的網戀對象是帥哥或宅
男，妳在心裡對他的人品、智慧等內在方面都已經接受。所

以對方的真實形象只是可能影響你們更久以後的交往，而目前的結果即使最差也可以做朋友。

但你們不可能很快發展成戀人，因為在妳的內心還有不安或者其他因素在制約妳的感情。也許妳是一個慢熱的人，需要用更長的時間去了解對方，雖然在網路上可以相戀，但在現實中卻很矜持。

當然這也說明了妳對感情是很有責任感，如果目前妳的戀情仍停留在網路階段，那麼在現實中見面與否並不十分重要，因為無論如何，你們都是好朋友。

B 被人騙了

很不幸，妳可能被一個同性的人欺騙了。無論她是否有心，但她可能會傷害妳的感情已經差不多是事實，因為被人騙總是很難過的，尤其付出了戀愛的感情。

如果是真的，請妳一定要堅強些。也許那個人是無心的，也許還是個可以當朋友的人。

最重要的是不要喪失對他人的信任感，說不定一段真正的美好網戀正朝妳走來。

C 第四類情感

這是目前很流行的一種感情，而以妳目前的潛意識狀

態，妳的網戀結果很可能陷入這樣一種情感中——比友情多一點，比愛情少一點；比愛情多一點，比親情少一點。

歸根究柢，這是一種現代都市醞釀出的複雜迷離的情感狀態。如果妳對這場戀情抱著十分認真的態度，希望妳和他真實親密接觸前最好經過一次成熟認真的考慮，不然這段感情可能會讓妳窒息。

如果妳本身就喜歡曖昧的感覺，那麼妳的網戀結果在現實中是正合妳心意的。當然，如果妳還年輕，請最好不要涉足其中，讓感覺停留在網路上就好。

D 戀人

這也許是網戀本身的目的，也是最好的結局。如果妳的測驗結果是這個選項，那麼恭喜妳了。

妳可能真的在虛幻的網路世界中找到了一段現實中的愛情，這是可遇而不可求的緣分。

妳也許可以立即開始這段感情，妳的潛意識已經開始為妳的愛情高歌一曲了，妳應該會在不久的未來得到一個從網路上走出來的完美的他。

如果妳只希望把美好留在網路上，雖然有點為妳可惜，但是無論如何都是一片美麗的風景，讓妳可以隨時駐足，隨時回味。

E 一夜情

他有可能正在透過網路走向妳，而妳的潛意識裡已經這麼想了。如果妳就是抱著這樣一種目的而網戀，那麼還是希望妳擁有一些正確的尺度和原則。

如果妳是用一種美好的心境進行網戀，那麼就讓美好永遠停留在網路上好了，因為一夜歡愉真的有可能令妳的美好記憶盡失，假設心態處理不妥，會給妳的人生造成不小的影響。所以，希望妳對妳的網戀抱著理智、謹慎的態度。無論如何，祝福妳。

F 並非是戀人

妳的潛意識已經透露出了如此的悲觀和執著，那麼妳的方向真的可能成為別人背後的女人。

妳對妳的網戀十分在乎，甚至快到了死心塌地的地步，但妳對你們現實中的前景卻充滿了悲觀的想像，於是妳準備用自己的一切來爭取。

希望妳在最後決定之前衡量一下妳的人生，如果還有爭取的價值，希望妳能為自己的命運奮力一搏；如果只是一場虛無飄渺的遊戲，希望妳好好考慮自己的付出是否值得。

總之，祝妳一切都好！

G 陌生人

也許這是網戀最瀟灑和常見的結局。其實在妳的潛意識裡並不是很在乎妳的網戀對象，而妳本人也是樂觀向上、凡事看得開的。所以一旦現實與想像嚴重不符，妳會把此事輕輕放下，去尋找另外一個羅密歐或者茱麗葉。

妳的處理方法雖然看似無情卻是很理智的，可能在網路時代的愛情就是這樣稍縱即逝吧。

35.妳的愛情轟轟烈烈嗎

現在要妳計算30秒的時間，妳會用什麼方法？

A、憑感覺

B、手錶、時鐘

C、用碼錶，一秒也不差

D、請別人幫妳計算

E、太麻煩了，不計算

測驗結果

A 妳非常重視自己的感覺，看對眼了或來電了就一拍即合，墜入情網；若感覺不對，就算是死纏濫打也不能獲得妳一絲絲的理睬。

B 妳是一個凡事都講求一個「理」字的人，完全憑理性來處理事情。妳的決定經常是由理性的判斷得來，只不

過跟妳在一起的人可能永遠體驗不到激情的滋味。

　C　妳的本性精準得不得了，愛的時候就轟轟烈烈、死去活來，不愛了就分得乾乾淨淨，絕不拖泥帶水。

　D　妳是一個被動不積極的人，「平淡是福」是妳一輩子走的路，沒什麼大的慾望，只要對方不令妳討厭，性格也不怪異，就能和他發展一段平穩的關係。

　E　妳總有比愛情更重要的事要做，對男女之間的感情不太放在心上。妳把更多的精力放在了發展自己的人生道路上。

36.妳會因為感情誤事嗎

若妳被誤以為是神經病被抓進療養院後，妳會：

A、教訓他們抓錯人

B、要求打電話給朋友來證明

C、按兵不動找機會求救

D、自救，偷偷逃跑

E、解釋自己是個正常人

測驗結果

A 一談感情，妳會根據自己過去慘痛經驗用理智控制一切，感情誤事指數40%

這類型的人在行為反應上已經有防衛性的措施，妳會很理智地告訴自己不可以再重蹈覆轍。

B 一談感情就自虐，吃不下、睡不著，開車容易出

車禍，感情誤事指數80%

　　這類型的人內心是很脆弱的，雖然頭腦一方面很理智，可是內心深處在遇到感情波折的處理上還是不夠成熟。

　　C　一談感情，就出錢、出力，一不小心人財兩失、荷包大出血，感情誤事指數55%

　　這類型的人在行為反應上、在內心深處有不服輸的個性，在談感情時希望好好地經營，用全副心力希望把感情維持好。

　　D　一談感情，妳反而會讓對方感情用事，為妳失控抓狂，感情誤事指數20%

　　這類型的人非常理性，感情也很成熟，知道怎樣去應對感情上的任何紛爭。

　　E　一談感情，就掏心、掏肺、拚命，把工作、家人晾在一邊，感情誤事指數99%。

　　這類型的人行為反應上很容易真心換絕情，對愛太執著，很容易就付出太快。

37.愛情自私程度測試

如果現在讓妳選擇從事藝術工作，妳會選擇什麼呢？

A、作家

B、攝影師

C、雕刻家

D、畫家

測驗結果

A **自私指數**40%

在愛情的戰場上，妳最在乎的不是對方的外貌，也不是金錢，妳最在乎的是有沒有得到對方的真心。妳討厭自私的人，所以妳推己及人，在愛情中妳是會為對方著想的人，只是技巧上多注意會更好，因為強迫對方接受妳自以為是的好意，從另一個角度來說，不也是一種自私嗎？

B 自私指數15%

妳喜歡愛情中的互動感，只要妳愛的人給妳快樂，妳就會回報。妳在乎對方，也給予尊重，總是喜歡默默觀察對方的需求，例如戀人的喜好等等，再用特別的方式，在特別的時刻給予對方驚喜，讓戀人覺得很貼心。

C 自私指數75%

在愛情中，妳是個認真的人，總是採取主動，不甘於愛情被人操縱。妳用雙手去塑造妳想像中的愛情形態，戀人要能配合妳的想像，如果可以，兩人就能相安無事，妳也會是一個好戀人；如果有所差距，妳那不能掌握一切的不安感就會發作。

D 自私指數90%

妳是個以自我為中心的人，想做就做，想笑就笑，妳向來就是為自己而活，不想遵守社會所訂立的規範。戀人想要改變妳是不可能的事，因為妳向來我行我素；另一方面也可以說是自私，一意孤行的作風，讓對方覺得很辛苦。所以和妳談戀愛的人，的確是有點累。

38.妳在愛情中取得平衡嗎

逛街時，妳遇見了一位自稱是所羅門國王轉世的人，他給了一個可以隨意惡搞他人而不被發現的機會，妳會怎麼惡搞身邊的人呢？

A、偷偷將所有人的頭髮全都剃光。

B、讓所有男生的衣褲全都變成透明無色的。

C、讓所有人立刻消失回家。

D、什麼也不想做，覺得無聊。

測驗結果

A 　將別人的付出視為理所當然，妳完全屬於予取予求的類型。

妳很可能從小被寵溺著長大，總認為別人為妳做事是理所當然的，這種自私的心理會讓妳成為不受歡迎的人。妳的戀愛性格是喜歡被異性包圍、寵愛和重視，即使自己已經

有了男朋友，如果別的異性不把自己看在眼裡，就會很不高興。妳對自己的男朋友也是非常任性，總認為「你為我付出是理所當然的」。

B 妳會「看人下菜」，是屬於索取型的人。

但是妳會因人而異，只有面對喜歡照顧他人的對象，才會提出比較無理的要求，如果對方也是個索取型的人，妳就會很聰明地不再去要求他了。

妳對戀人也很任性，但是面對自己真心喜愛的男人，妳會覺得「如果一味地要求對方付出，或許有一天他就會嫌棄我了」，於是，妳也會萌生出奉獻的念頭。

C 妳樂於奉獻，卻情緒多變。

妳是比較有奉獻精神的人，妳喜歡幫助別人，周圍的人對妳也很有好感。

但是妳的情緒有點多變，下一秒鐘就突然甩開對方，不理不睬。因此，學會控制情緒，會讓妳更可愛。

戀愛中，不需要強迫就會為對方付出的妳，是異性眼中很理想的伴侶。但這一類型也有很多人會在與對方熟悉之後，漸漸變得任性起來，雖然每個人多少會有這樣的傾向，但妳表現得特別極端。

D 不要讓妳的愛心氾濫，選擇什麼也不做的妳，是完全的奉獻型。

一見到陷入困境的人，妳就會不自覺地想為對方做點什麼，這種充滿愛心的做法是很值得提倡的，但有時對方一個人就可以解決的問題，妳就不要硬去插手了，難道妳不覺得太過熱心也會令他人反感嗎？

戀愛中，只要是戀人想做的事情，妳都會不遺餘力地給予支持，妳是那種把戀人看得比自己的夢想更重要的人。

但是，什麼事情都插手並不一定是好事，有時候只採取旁觀的態度也是必要的。

39.妳對愛情的期望

吃完主餐後，最後上了一道美味的甜點，妳會選擇以下哪一種呢？

A、蛋糕或其他糕餅

B、奶昔

C、布丁或果凍

D、霜淇淋

測驗結果

A 妳對戀人的期望是「真誠」

兩人能夠互相信賴，互相交換內心最隱密的想法，因為對妳來說，戀人不僅是濃情蜜意的對象，超越愛情的狹隘境界，兩人還要有一定程度的心靈和精神交流，那是妳所渴望的。

但是，作為妳的戀人，知性和感性的成長程度，也一

定要配合得上妳的腳步，不然這份以真誠和知性為基礎的愛情，想要延續到天長地久，恐怕會很難。

B　妳對戀人的期望是「夢想」

只要對方是人生路程的績優股，具有雄厚的成功潛力，即使對方現在還沒有發跡，妳也願意賭一賭，投資兩人的現在，栽培夢想的共同未來，將對方的夢想當成妳的來經營。

但如果對方的表現不如妳的期望，妳可能也會當場走人，尋找另一個值得投資的對象。因為本來聯繫你們之間的愛情是夢想，夢想要是幻滅了，愛情當然也就說拜拜了。

C　妳對戀人的期望是「自由」

除了雙方共有的愛情生活外，妳還希望你們能有各自的生活，分別擁有自我的空間和朋友圈，不能忍受對方老是盯著妳，想要參與妳的一舉一動，討厭兩人像麥芽糖情侶。

所以，要是遇上占有慾強烈的戀人，兩人分道揚鑣是遲早的事情。

D　妳對戀人的期望是「奉獻」

凡事要以妳為優先，對妳無微不至地照顧著，妳在他

心目中的排行是名列第一，因為妳不能忍受被排在次要的地位。

　　不過妳總是期望對方付出所有，包括金錢或是其他，卻被動享受著他的慷慨，這種拿多給少的占便宜心態，要當心長期下來他也會爆發，鬧起愛情革命。

40.妳的愛情攻勢

當妳開車或騎車在路上時，最討厭遇到怎樣的駕駛人？

A、不打方向燈，想轉彎就轉彎的人。

B、用極慢的車速在快車道上慢慢前進的人。

C、動不動就緊急煞車的人。

D、猶豫不決，一下往左、一下往右的人。

測驗結果

A 妳不喜歡讓人知道妳心中的想法，總是在暗中決定好一件事，然後偷偷進行。妳很低調，不會大張旗鼓。

所以，當妳看上一個人，要對他展開攻勢時，採取的方式也比較溫和、細心，會讓人有一種貼心的感覺，因此很容易贏得對方的好感。

B 在自己的軌道上依自己的方法做事。妳是一個有衝勁的人，做事如此，談起戀愛也是大同小異。只要是妳喜歡的對象，妳不會在乎外人的眼光，會憑自己的熱情去克服困難，取得對方的好感。對方會被妳追到手而沒嚇跑，多半是被妳的熱情感動。

C 妳屬於那種習慣按照禮儀規範、社會標準、常人眼光來行事的人。妳不敢冒險，對於轟轟烈烈、可歌可泣的愛情也是敬而遠之，認為那太傷神了，從沒想過要去嘗試。妳總是小心翼翼，不會做出奪人所愛的事情。因此妳的戀愛攻勢也比較保守，不會讓人感到吃驚。

D 妳很果斷，行事風格也很直爽。像拖拖拉拉、藕斷絲連最令妳受不了。相愛就在一起，不愛了就分開，對妳而言這是最簡單不過的方式了。在一段感情關係中，妳也很看得開，表現得比較豁達，既不會勉強自己，也不會為難對方。妳不是不重感情，只是喜歡真正志同道合的戀人而已。

41.妳的戀愛哲學

如果妳是一個職業小偷，受僱去竊取一份機密檔案，而且逃亡計畫也設想妥當，那麼妳會採取何種手法？

A、買通警衛，假裝工作人員蒙混進去

B、挾強大火力直接進去搶

C、月黑風高的晚上，破壞保安系統潛入

D、花兩天時間挖一個地道，直接進入保險室

測驗結果

A 妳對於目前的戀愛感到彷徨不安，好像缺了點安全感，「既期待又怕受傷害」，不知道該大膽去愛，還是悄悄地走開。雖然妳的他條件並不差，妳總是沒辦法把心交給他，要得到妳完全的信任，他似乎還要再加把勁。

B 妳的戀愛哲學是「只要是我喜歡，有什麼不可

以！」妳不排斥條件比妳差的戀人或異國戀情，反正只要感覺對了，妳的愛情就像麻辣火鍋一樣熱烈、大膽而奔放。

C 雖然妳的內心饑渴難耐，卻極力保持冷酷的外表。妳再悶騷下去，當心得內傷。對付妳這種假道學的人，只能化被動為主動，才能讓妳卸下面具。

D 妳的愛情不及格，只有幼稚園程度，時常表錯情而不自知，又想太多而裹足不前，丘比特碰到妳也傷腦筋。

42.妳善於表達愛情嗎

試想一下如果妳和朋友去旅遊時，妳要替大家拍紀念合照，妳會選擇什麼場景呢？

A、把特產店的人拍進去

B、周圍的路人一起拍進去

C、將觀光地指示牌拍進去

D、風景清楚的拍進去

測驗結果

A 妳甜蜜情緒表現得太過分，稍微有太超過的傾向，具有向對方表達情緒的素質，但有時愛的表現太過火，甜蜜情緒太滿，反而被覺得囉唆。像太狂熱或過於自信的表現方法，會造成反效果，與其那樣，還不如想想用自然的方法來表現愛情的好。不要裝腔作勢，那對妳而言是很重要的。

B 妳太拘泥形式，反而無法傳達意思，對愛情只會表現既不華麗也沒有衝動的安全方式，同時因太注重形式，導致真正的本意無法傳達。大膽的愛情表現有時是必要的，尤其是妳的眼淚或相對明朗的言談都很有效果。注意火焰不要燒得太超過，要很高明地控制。

C 妳表現愛的方式還不是十分習慣，非常可惜，妳對愛情的表現，實在不怎麼樣。妳雖然很努力想表達妳的意思，但大多沒能如願。妳心中的情緒，如何以言語和態度來表達，在每天的生活中練習看看，對妳是很重要的。和男生、女生聊天，也要分別考慮以什麼樣的談話方式，才比較能讓人充分了解。

D 妳傳達愛情的能力很高明，是可以直接呈現自己的心而且明確表達的人。妳優雅的言談，以及在小處用心的表現方法，一定能贏得異性的心。也許妳天生就擁有愛的表達素質，所以不需要受迷惑或學別人，永遠照著自己的方式表現就可以了。

43.妳的戀愛等級有多高

當妳不小心吃到芥末壽司，嗆辣感瞬間衝腦時，妳的下意識動作會是什麼？

A、喝茶或白開水

B、什麼都不做，忍一下就好

C、享受辛辣的感覺

D、喝一大口可樂

E、吃點別的菜緩和一下

測驗結果

A 戀愛等級40分

執著的妳只會一味地付出，直到愛錯才覺醒。這種類型的人懂得包容對方，希望自己的默默付出可以感動對方，但如果沒找對適合的人，妳的感情路會很曲折。

B 戀愛等級80分

妳對感情拿得起放得下，絕不會為情所累。這種類型的人之前曾經為情所困，如今已經化繭成蝶，並認為自由自在地做回自己，感覺最好。

C 戀愛等級55分

騙死人不償命的妳，喜歡用甜言蜜語「膩死」對方。這種類型的人個性浪漫、單純，覺得談戀愛時雙方一定要能分享彼此的感覺。

D 戀愛等級99分

妳懂得展現自己的魅力，把對方迷得團團轉。這種類型的人具有孔雀型的特質，只要一有異性，就會展現出自己的強項，努力把對方迷倒。

E 戀愛等級20分

緊迫盯人的妳，逼得越緊，對方只會逃得越遠。這類型的人一旦愛上對方，就會付出全部的感情，不過這樣反而讓對方感覺壓力很大，而產生了想逃的念頭。

44.妳的單戀指數

在炎熱的夏季，不少人喜歡做一些冰涼的甜品來消暑。在享受甜品時，妳發現自己也有一套飲食習慣——

A、碗裡通常是料比湯多

B、不會特別選擇，但通常湯較多，料只是點綴

C、習慣精挑細選，通常只會選吃料

D、碗只會用來盛湯，料則會分開進食

E、從來只喝湯，不會吃下料

測驗結果

A 　當妳喜歡一個人時，寧願把他藏在自己的內心世界，因為通常妳單戀的對象都是一些成就超越自己甚多的人。例如，在求學時，妳會對高年級的學長甚至是老師特別心儀；進入社會工作後，妳通常會對身邊的前輩或老闆感興趣。

　　由於彼此的背景終究有一段距離，所以妳一開始便自知根本無法發展這段愛情，所以妳情願做個默默的欣賞者。既然如此，現在是時候，好好的想一下單戀與戀愛的分別，不要一而再、再而三地活在自己的憧憬當中。

　　B　從小到大，妳認為必須忠於自己的想法，妳覺得人並不能為別人的標準而活著。所以，希望得到的東西若沒有到手，妳必定大發脾氣，情緒變得極為波動。

　　在愛情方面，當妳喜歡一個人時，妳會變得不顧一切，例如，妳會不惜改變自己而遷就對方，拚命用長輩政策，甚至使用死纏爛打的方法，總之就是盡全力推銷自己。因此，說到單戀，對妳而言簡直是no way！不過，妳要知道任性與愛得灑脫很多時候僅有一線之隔，妳有仔細地想過妳的愛是因為個人的占有慾還是真的關心、需要對方？

　　C　與其說妳有單戀的癖好，不如直截了當地揭開妳有「花心蘿蔔」底子。在妳過去交往的經歷，總是煩惱著該選擇A男、B男或C男，所以妳開始對自己說，不如一直去單戀好了，免得節外生枝。可是，鴕鳥心態並不是解決問題的終極辦法，一個人應當不斷學會了解自己。愛情和友情之間，有時雖然會出現灰色地帶，但界線總不會如此難劃清

的。如果經常抱著得一想二的心態去愛，最終可能只是一張白卷。

D 性子急得要命的妳，做任何事，包括感情，也希望得到即時回報，所以在妳心目中根本不知單戀為何物。妳喜歡一個人時，也要立刻知道對方到底是否對自己有興趣。妳寧願爽快地吃一次閉門羹，總比痛苦地守候答案好。

對於愛情，妳可說是擁有不屈不撓的精神，每次告白失敗後，妳也可以迅速再穩住腳，重新投入另一項「挑戰」。妳的優點是不會在感情方面鑽牛角尖，明白感情是需要兩個人一起走下去的。

E 妳雖然極討厭單戀，但不知為何，這種情況好像不時發生在妳身上。很多時候妳看得上眼的人都已經是名花有主、心有所屬了，因此，妳唯有無奈地接受單戀的事實。縱然妳也曾想過，現代愛情大多相當脆弱，男未婚、女未嫁的話，也有權繼續爭取，但在最後關頭主宰妳理性邏輯思維的左腦還是驅使妳做出理性的決定，寧願再等下一次真正的戀愛機會來臨。

45.妳容易為情所困嗎

第一次約會，妳覺得下面哪個地方，有助於妳的愛情發展呢？

A、百貨公司
B、動物園
C、電影院
D、咖啡館

測驗結果

A 妳知道感情是不能勉強的，如果兩人的緣分已盡，妳也能處之泰然，大方和對方說再見，並給予祝福。每一次戀愛，在妳看來都是一次修行，可以從中體會愛情的真諦和學習愛人的方式。對愛情有如此正面想法的妳，道行當然是很高的。

B 妳非常容易被愛情傷得很重，因為妳是個重感情的人，總是將全部的心思放在對方身上。當感情一生變，妳馬上會不知所措，頓失人生方向。妳不單是會為情所困，更會將自己鎖在門內，要療傷很久，才能慢慢復原。

C 愛情有時就像妳的狩獵遊戲，錯過了眼前的獵物，妳的眼角馬上就瞥見不遠處的新獵物，心境可以轉換得很快，戀愛對象也能換得又快又乾脆。妳不會把碰釘子這種事看得太嚴重，反正天下男人何其多，這就是妳的哲學。

D 妳很尊重對方的意見，可是如果愛情走到了盡頭，妳也會非常的不捨，時時刻刻還懷念著與戀人相關的一切記憶。即使經過一段時間後，生活漸漸恢復正常，其實在妳的內心深處，還是希望能有破鏡重圓的機會。

46.愛情會帶給妳什麼

　　一天晚上，妳和戀人攜手在海邊散步，你們輕聲細語地描述著將來種種美好的生活，心中感到甜蜜無比。這時天邊一輪明月，正靜靜地灑下溫柔的月光，妳暗自想著，如果有星星來搭配不是更美麗嗎？那麼，妳會選哪一幅圖案來搭配月亮呢？

A、滿天璀璨的小星星

B、一顆明亮耀眼的大星星

C、一顆瞬間飛逝的流星

測驗結果

A **對愛情感到不安**

　　妳會因戀人的言行舉止，而產生許多迷惑，妳不能肯定他是否真心愛妳，也不知道愛情會延續多久，所以妳時常為了這個問題而煩惱不安，其實妳不必這麼懷疑對方，應該

多給自己的愛情一點信心。

B 愛情使妳變得更成熟

明亮的大星星，象徵美好的自我。所以愛情會帶給妳活力和省思，使妳變得更成熟，對方也會因妳正面的改變，而更加愛妳！

C 愛情使妳充滿幻想

墜入情網的妳，就像飛到了美麗的天堂，一切都變得如此美好，妳會幻想妳和他是一對神仙眷侶，遠離凡塵，生活在無憂無慮的世界中。這種幻想，是多麼令人陶醉啊！

47.妳會遇到幾段戀情

如果妳有男朋友了，妳覺得下面哪件事會是妳最喜歡做的呢？

A、一起到沙灘漫步

B、一起逛街買東西

C、一起到咖啡廳喝下午茶

D、一起聊天或是看電影

測驗結果

A 妳會遇到的戀情在兩次以下

妳是個很重情的人，也很珍惜目前雙方的感覺，所以妳不會主動背叛，若是順利美滿，這輩子可能就此相偕到老，廝守終身。只是死心眼的妳也最不能承受戀人的背叛，一旦對方對不起妳，妳便有可能放縱自己，甚至可能因此輕生尋短。

B 妳會遇到的戀情可能連自己都數不清

妳很隨性，也喜歡結交不同的異性朋友，常常是看對眼就在一起，不順眼就分開，所以妳總是戀情不斷，卻幾乎沒有一段感情是真正讓妳有印象的。

也許隨著年紀大了，或是婚姻的承諾與束縛，妳才可能收起那份放蕩不羈的輕狂歲月。

C 妳會遇到的戀情是三到五次

妳不習慣跟異性聊天談心，即使有了對象也是一樣，讓人捉摸不定妳的想法，對妳始終沒有安全感。所以一旦發生誤會，即便妳心裡再怎麼不願意，對方都可能因為妳總是不解釋原因而憤然離去。妳的戀情都很長，卻不容易妥善維持。

D 妳會遇到的戀情在五次

妳太習慣定義愛情，也喜歡對另一半頤指氣使，不肯真正用心去關心他的感受，唯有失去之後妳才可能恍然大悟，想要好好珍惜，對方卻不再給妳任何機會。有一次經驗學一次乖，一般來說大概五次，妳便知道如何拿捏異性的心理情緒。

48.何時妳會以身相許

如果妳是即將產卵的母海龜，妳會將卵產在沙灘哪個地方呢？

A、人煙稀少的礁岩旁
B、觀察用的小屋旁
C、沙灘的中央
D、松樹底下

測驗結果

A 妳不會因為想嘗試以前沒試過的熱烈戀情而放任自己，除非對方具有十足的誠心，讓妳覺得很放心。

B 妳十分注重自己的安全，懂得如何去判斷時下的趨勢與觀念，絕不會碰到具有危險性的戀情。所以在曖昧的關係發生之前，妳都會做非常詳盡的考慮。

C　妳為了戀愛，什麼都肯犧牲，認為自己和對方無論精神或身體都應共有。妳會覺得為了愛情，自己應該付出一切，不過勸妳做決定前還是好好考慮一下吧！

　　D　妳有相當的自制能力及自我懲罰的傾向，認為性與愛是不可分開的。如果沒有把握的事情，妳肯定不會貿然行事。

49.妳有多少裸婚的勇氣

　　「裸婚」意思是只領結婚證書，不辦婚禮、不擺婚宴、不拍婚紗照、不度蜜月的結婚方式。通常是經濟基礎不夠，或是工作太忙沒有時間等原因。

　　如果有機會讓妳成為一個歌手，妳希望自己屬於下列哪一類型的歌手呢？

　　A、清純型歌手
　　B、搖滾型歌手
　　C、實力派歌手
　　D、創作型歌手
　　E、性感型歌手
　　F、偶像派歌手

測驗結果

A 妳的夢想就是找個家，給自己平淡的生活和幸福的安全感。儘管妳是一個外表開朗活潑的人，但是其實內心非常缺乏安全感，就算戀愛妳都會彷徨和搖擺很久。矛盾的妳，理性和感性時常糾結著，既想轟轟烈烈不顧一切裸婚，又為自己沒有根基的將來感到彷徨。

B 當妳投入愛海就會不顧一切付出，愛到極致的時候妳很有可能會選擇裸婚，體驗那種完全擁有的感覺。妳自由的渴望特別明顯，妳喜歡戀愛時那種互不束縛的感覺，喜歡戀愛時那種浪漫和甜蜜的感覺。當妳失去理智的時候會抱著「船到橋頭自然直」的豁達心態去裸婚。

C 對於結婚這種終身大事妳還是相當在意傳統的，妳不但不會選擇裸婚，還要求婚禮的一切必須全然禮儀化。守本分的妳總是在遵從長輩的安排，自然妳的感情也會像一般大眾一樣，從相識、相戀再到步入婚姻，然後隆重地向大家宣告妳的愛情。

D 妳是一個很現實、很理智的人，妳懂得結婚意味著什麼，房子、存款、收入、車子等等，這些不得不考慮的問題成為結婚的夢魘，妳絕對不會做一個一無所有的裸婚

族。

　　所以在對方和自己有著良好事業基礎和鞏固的物質條件之前，妳是不會考慮結婚的。

　　E　妳是一個缺乏安全感的人，對戀人充滿了期待與依賴，總想趕緊將心安頓下來，停止為愛尋覓、為情徘徊的日子。妳是一個很注重物質條件的人，有時候甚至會將此作為第一考慮，為了麵包，妳可能會選擇不適合自己的水晶鞋。

　　F　妳是一個敏感多情、充滿幻想的人。面對愛情，妳內心充滿了天真浪漫的美好想法，儘管妳的內心很嚮往愛情與婚姻，但妳又是一個極度缺乏安全感的人。面對愛情，妳會踟躕不前，考慮良久才敢下手；步入婚姻殿堂之前，不經過一番詳細的研究、評估與分析，妳絕不會輕舉妄動。

50.妳的愛情保鮮期

妳經營一家專賣甜品的小店，因為口味特殊多樣，所以儘管已經開張五年多了，還是生意興隆。後來，隔壁巷子也開了一家甜品店，而且打的是低價策略，使得妳的生意大受影響，這時候妳會怎麼辦？

A、以低價迎戰

B、生意難做，決定轉行

C、再觀察一陣子

D、研發更多新口味

測驗結果

A 妳的愛情保鮮期在兩年以上

妳是個追求安定的人，並且擁有強烈的責任感和非凡的毅力，一旦確立目標就不會輕易改變。對於敢愛敢恨的妳來說，一旦變心那也是因為他對妳不再有愛，在妳眼中，最

好是戀愛談一談就可以結婚。妳談戀愛的倦怠期大約是兩年甚至更長，細水長流就是妳對感情的詮釋！

B 妳的愛情保鮮期為三個月

妳很花心，天生不能靜下來的妳，凡事喜歡用直覺判斷，總在不停尋找新的愛情，好像唯有新鮮的戀情才能讓妳有追逐的動力。堅信自己的第六感，向來是一眼即定對方生死，對事物永遠保持三分鐘的熱度。

C 妳的愛情保鮮期為半年

妳是個聰明、能夠洞察人心的人，這也是妳能博得許多人喜愛的原因，彷彿是別人肚子裡的蛔蟲一樣。感情方面，由於妳敏感力很強，和對方交往一陣子後，就能看清對方的本性，無法忍受對方的缺點及不完美，最後只好說再見了。從認識、了解到倦怠，差不多只有半年。

D 妳的愛情保鮮期為一年左右

妳對人很和善、親切，即使是第一次見面的人，都會先和對方打招呼，讓別人備感溫馨。感情方面，妳對愛情有很大的憧憬，把愛情想得很美、很甜蜜，只要一談戀愛，總會把愛情美化了，但過了一段時間之後就逐漸冷卻、褪色。

51.妳適合婚前同居嗎

將每題所得到的分數相加起來，再比對最後的結果。

1.妳是否有單獨在外租屋的經驗？

A、經常，已經好幾年了。+4

B、從來沒有，我都是住家裡，可節省不少開銷。+1

C、有住過，不過後來不習慣，又搬回家裡住。+2

D、剛離開家，我正好想有一個自己的空間。+3

2.求學時，妳是否有在外工作的經驗？

A、我一直都在嘗試各種打工，賺取生活所需。+4

B、當學生就專心念書，出社會之後再賺錢就行。+2

C、我大概只會做家教，比較單純不會被騙。+3

D、我很不喜歡看臉色做事，未來傾向自己創業。+1

3.從小妳爸媽是否常吩咐妳要幫忙做家事？

A、他們才不會這樣，幾乎都是他們在做。+1

B、只有過年大掃除等較忙的時候才會要我幫忙。+2

C、會，不過太粗重的他們都自己來，不讓我做。+3

D、他們幾乎把我當菲傭，我是他們親生的嗎？+4

4.妳本身有幾個兄弟姊妹？

A、好多個，不過我排行老大。+3

B、好多個，不過我排在中間，並不突出。+4

C、好多個，不過我是老么。+1

D、沒有，我是獨生女。+2

5.覺得自己是一個很容易情緒失控的人？

A、還好，但心情不好時，就很容易就胡思亂想。+2

B、我本身情緒控制力超差，動不動就亂發脾氣。+1

C、我的EQ還算不錯，幾乎都能夠維持理智。+4

D、我自認是個理智的人，不過有些人的行為實在差
　　勁，最好不要惹到我。+3

測驗結果

5～8分，婚前同居指數30%

妳的獨立性不足，對他人的依賴性很高，所以除非妳

找到一個可以無限包容妳的人，否則目前妳並不適合同居。雖說如此，但如果妳已經跟戀人同居或打算同居，妳還是可以學習讓自己獨立並讓自己成長。記得凡事別總是以自己的觀點來看事情，「己所不欲，勿施於人。」妳自己不喜歡就別要求對方接受，沒有人天生該是做牛做馬的命，除了接受也該學習付出，這樣雙方都能相處愉快。

9～12分，婚前同居指數50%

其實妳無法忍受生活價值觀或習慣跟妳差異甚大的伴侶，所以就這方面來說，妳也是屬於不適合同居的一群。有時候妳會受不了對方的習慣，而忍不住說他幾句，有一就有二，次數多了，小摩擦也會變成大傷痕，更可能成為讓彼此分開的導火線。

整體來說，有時候是妳太少與朋友互動相處，才會有這種結果，所以如果不是很差勁的壞習慣，多給彼此一點空間，最起碼妳可以來個眼不見為淨。

13～16分，婚前同居指數70%

雖然妳明白與人為善的道理，可是妳卻太習慣把話憋在心裡，尤其是面對自己的戀人，更是一意孤行地認定對方一定都知道，如果對方沒照妳的意思去做，就索性耍賴甚至

來個置之不理，直到對方改善為止，這樣的做法不管最後結果如何，對雙方都會是很大的傷害。如果對方根本不懂，那無疑是對牛彈琴，浪費時間。建議妳把話說出來，讓生活有溝通的管道，自然能和他長久生活下去。

17～20分，婚前同居指數90%

恭喜妳！妳的獨立性相當高，也見過不少世面，所以妳很適合婚前同居，跟妳在一起的人也會非常幸福。不過還是要提醒妳，別掉以輕心，生活之中該有的浪漫還是不可少，這樣才不會讓感情由濃轉淡，變成君子之交淡如水的窘境。面對戀人的不理智，也該多給對方學習成長的機會，而不是妳一味忍讓。感情是雙方的事，妳的縱容只會害了他，讓他無法儘快適應社會。

52.妳的戀愛心態健康嗎

當妳的戀人滿心歡喜地要求妳做一件妳可能做不到的事情時，妳會怎樣？

A、一口答應，裝出一副很樂意的樣子

B、稍微遲疑，但還是很高興的答應

C、婉轉地回絕，請對方諒解

D、一口回絕，表示做不到

測驗結果

A 很明顯妳是個不敢坦白的人

當然不敢坦白的原因也許是太愛對方，怕對方生氣；也許是存心欺騙對方，假情假意也說不定，總之，選這答案的人都是在愛情心態上有問題的人。如果想要有健全完整的愛情，最好改掉這種不敢坦白的心態，否則妳的愛情性格將永遠找不到真正的愛情和愛人。

B 屬於心思細密很會為對方著想的人

因為不想讓對方失望、傷心,而又不想讓對方有被欺騙的感覺,於是在腦中盤旋了一會兒,就會不惜一切地答應下來。一旦答應上來就會拚命地去完成任務,即使無法達成也會誠心地告訴對方自己已經盡了力。其實這種人肯為對方犧牲,可以說是最偉大的人,不過也是最辛苦的戀人。

C 很理性的戀愛者

既不會抱有太多的幻想也不會太現實功利,可以說是個有健康心態的愛情者。不過,就是少了點六親不認的浪漫,因為浪漫這種東西多少要有非理性的情意。

D 是個很現實的人

這種人不會做白日夢,當然不切實際的事妳也不會去做,尤其是有損自己利益的事,即使是面對心愛的人也會毫不留情地拒絕。或許這種人天生有什麼就說什麼,但是有可能太直率了,常常得罪人,甚至傷了戀人的心。所以跟這種人談戀愛,千萬記住不要有太多的幻想,更不要常常撒嬌,否則用熱臉去貼冷屁股,可是很划不來的。

53.愛情讓妳感到疲憊嗎

1.妳喜歡吃甜食？

不是→(3)

是的→(2)

2.妳每天都喝咖啡或濃茶？

不是→(3)

是的→(4)

3.他是過敏體質嗎？

不是→(5)

是的→(4)

4.你們喜歡討論有關人文、哲學、人生的話題嗎？

不是→(7)

是的→(6)

5.你們總是一起討論下次約會的行程？

不是→(7)

是的→(6)

6.不論大小節日，你們都會互贈對方禮物嗎？

不是→(8)

是的→(7)

7.每次約會結束後，他都會送妳到家門口？

不是→(8)

是的→(9)

8.妳比較挑食？

不是→(11)

是的→(10)

9.妳是個行動力很強的人？

不是→(11)

是的→(10)

10.妳覺得女生還是把自己裝扮得可愛點好？

不是→(12)

是的→(11)

11.你們之間經常為了小事爭執？
不是→(12)
是的→(13)

12.現在妳依舊對每一次的見面都充滿期待？
不是→(13)
是的→ **D**

13.陪妳買衣服的時候，他會提出他的意見？
不是→ **A**
是的→(14)

14.妳會在做每件事的時候都考慮他的感受嗎？
不是→ **B**
是的→ **C**

測驗結果

A 疲憊指數★★★

他有點大男子主義，有點強權，有點霸道，有點不夠體貼，有點不夠溫柔。

妳是不是時常覺得委屈，為什麼他不知道妳為他做了什麼，為什麼他不願意陪妳逛街，為什麼他就不能偶爾為妳下個廚？愛面子是男人的天性，只不過他過頭了點，讓他知道妳對他的好，他不是傻子，會感激妳的。

B 疲憊指數★★

你們是外人眼中惹人羨慕的甜蜜一對，他總是很為妳著想，各方面都為妳設想到，對妳的照顧也無微不至，妳也知道他為妳付出了很多。

正因如此，雖然你們甜蜜，卻依舊讓妳感覺到了壓力，如果覺得確實有些地方自己難以接受，不妨與他開門見山直接溝通，相信他也能夠理解。

C 疲憊指數★★★★

在這段感情中，妳已經相當的疲憊了，或許他對妳來

説有種天生的吸引力，或許他身上的光環實在太耀眼，或許妳對自己實在太沒信心，妳總覺得不對他好他就會走，凡事遷就他讓妳不堪重負。請告訴自己，他沒那麼好，妳也沒那麼差。

D 疲憊指數★

這一顆星不是給妳而是給他的喔！只是你們之間雖然甜蜜卻不致遷就，彼此互相尊重，相敬如賓，妳和他在一起時能夠完全放鬆，彼此也能給對方一些重要的建議，所以即使他這方稍微有點遷就妳，也只是一顆星的程度，你們之間的關係相當不錯喔！

54.妳的感情奉獻程度

如果去花店買花，下列花朵中，妳最喜歡哪種？

A、白色紗網圍繞的紅色花朵

B、棕色紗網圍繞的紅色花朵

C、白色紗網圍繞的橙色花朵

D、棕色紗網圍繞的橙色花朵

測驗結果

A 極為冷靜，個性獨特

妳抱持著「你終究是你，我終究是我」的思考方式，因此很難以犧牲自己來幫助他人，同時也忌諱他人過問或干涉妳的事情。妳厭倦互相約束，每件事情都會計算清楚，因此很難交到新朋友或異性朋友，即使和異性朋友往來也會因自己的冷漠而破裂。

妳的自主性與獨立性很強，隨時可以憑自己的努力戰

勝一切困難，相反地，因為妳缺乏協助性與寬容性很少迎合他人，因此很有可能寂寞一生。

B 懂得協助與奉獻的人

妳的本性善良、仁慈，經常為了朋友或戀人做出奉獻，而且又在對方接受自己的奉獻與努力的同時感受莫大的喜悅。

妳的人生不僅僅是為了自己，妳為他人奉獻與犧牲的高貴情操，更有甚於偶爾忘記自己的存在而捨己為人，這樣也許會失去自我的價值，以致於失去人生意義。

C 天真浪漫，魅力無窮

妳為人誠實而純真，一向盡力為朋友或情侶付出努力，可是因為妳缺乏這方面的天分，而且方法不當，因此經常遭受失敗。

妳的這些失誤與失敗恰恰又具有突出本身魅力的神祕力量，不僅可以使妳的朋友或戀人感到幸福快樂，他們還會反過來為妳奉獻或給予妳更多的關心。

與其說妳是個為了他人獻身的奉獻者，不如說妳是為了贏得他人的奉獻與關懷及愛戴的幸運兒。

D 同時均衡地具備了理性與感性

妳的大腦非常靈活而發達，不僅可以自如地掌握對方言行，而且因為感性發達，還可以適當地為對方調節個人的慾望與希望，以讓對方滿意。

有時妳會發揮奉獻與犧牲精神，有時又會向對方尋求協助與照顧，為此妳可以保持均衡的言行使對方快樂。在愛情方面妳極賦天才。

55.妳該花多少時間陪戀人

1.當妳沉浸在一件進行得不順利的事情時，妳很難說服自己休息一下再去重新思考？

是的→(5)

不是→(2)

2.妳是快樂和悲傷都願意與身邊朋友分享的人嗎？

是的→(4)

不是→(3)

3.妳不能接受跟自己最要好的朋友一起共事或工作？

是的→(5)

不是→(8)

4.曾經假裝發錯簡訊，傳簡訊給暗戀的人搭訕？

是的→(6)

不是→(8)

5.經常在看完電影之後，壓抑著心中的情緒，不讓自己
哭出來？

　　是的→(6)

　　不是→(7)

6.經常對身邊的人説：「沒事，我很好」？

　　是的→ A

　　不是→(8)

7.在KTV唱歌的時候，偶爾會因為太過激動而忍不住流
淚？

　　是的→ B

　　不是→(8)

8.坐公車的時候，目光總是停留在窗外的風景上，而不
是車裡的人？

　　是的→ A

　　不是→ C

A 陪伴時間：入睡之前，溫暖指數：★★★★★

每天妳都跟戀人嬉笑打鬧，卻很難有機會從精神層面去交談彼此的想法。

當初熱戀時的精神共鳴已經多久沒有感受過了？愛情這條路越走越久時，你們需要偶爾的心靈交流。在入睡之前，聊一聊不那麼實際的話題，比起一整天黏在一起更有吸引力。

B 陪伴時間：節日和週末，溫暖指數：★★★

生活很容易扯愛情的後腿，雙方在一天的忙碌之後，都不希望聽到家裡的嘮叨和使喚，這樣度日如年的時光需要得到改變。

珍惜並利用你們週末的時光吧！陪對方出門活動一下，趁此機會聊聊天，比起賺得大把鈔票回家，更能讓對方感受到互相吸引的魅力，這才是家的感覺，未來才不會那麼遙不可及。

C 陪伴時間：晚飯時分，溫暖指數：★★★★

妳跟很多年輕的情侶一樣，認為兩個人宅在沙發上無所事事地看著電視、放鬆身心就是最好的陪伴。

而實際上，如果妳願意跟戀人一起燒飯、做家事，享受「過日子」帶來的幸福感，是最好的伴侶交流方式。

偶爾的笨手笨腳，說不定能帶來意外的笑料，一起做家事，不經意間的打情罵俏，那種溫暖瞬間就能打動兩個人的美滿世界。

56.緣盡時妳會放手嗎

1.妳投入一段感情的速度非常迅速？

是的→(2)

不是→(3)

2.談戀愛的時候妳更注重的是自己內心的感受？

是的→(3)

不是→(5)

3.妳是一個崇尚自由隨性的人？

是的→(4)

不是→(5)

4.妳內心相當缺乏安全感，生性多疑？

是的→(5)

不是→(6)

5.妳需要滿足強烈的控制慾來獲取安全？

是的→(7)

不是→(6)

6.妳有查過另一半手機、網路帳號的舉動？

是的→(7)

不是→(8)

7.妳認為緣分天注定，不是付出多少努力就能得到同等
回報的？

是的→ D

不是→ C

8.討厭面對複雜的人際關係，不喜歡操心太多？

是的→ A

不是→ B

測驗結果

A 灑脫指數★★★★★

妳是一個非常灑脫的人，不喜歡被未知的情感與糾結

的心情捆綁住自己生活的節奏，倘若愛情帶給自己的已經不是幸福與歡樂，而是無限的憂愁與傷害，妳往往會選擇放棄來成全彼此。

妳認為與其兩人在一起互相折磨，倒不如放手讓對方去尋找新的幸福，緣來緣散本無常，又何必強求呢？

B 灑脫指數★★★

當感情遭遇危機，妳會選擇給自己期限嘗試挽回。如果在期限範圍內讓愛重燃當然最好，倘若不能，妳便會在期限到達之時果斷放手。

妳認為與其堅持走一條看不到盡頭的路，也許換條路來走更為可靠。

C 灑脫指數★★

妳往往是感情中化解矛盾、選擇妥協的一方。當發現彼此間的問題，妳總是先要自己來遷就對方的需要，久而久之這種單方面付出似乎已經成為習慣。

當感情不再的時候，對方想要脫離這段關係，妳卻仍舊難以放手，妳始終認為只要自己再退一步便會海闊天空，一切都會回復原來的狀態，殊不知妳一而再再而三的退讓已將自己逼到了懸崖邊，早已沒了退路。

D 灑脫指數★

妳是最拿不起放不下的人，內心總是有太多的得失心，常常陷入為過去悔恨的念頭中難以自拔。對於已經緣盡的感情，妳絕對不會就此撒手，成全彼此去尋找新的未來，妳會因此產生極端的心理。

強迫對方繼續留在自己身邊，甚至可能傷害到對方，這種極端的心理不僅將愛情演變成徹底的傷害，也讓妳在愛人心中的身影越來越模糊，對方甚至會害怕見到妳，無論如何，極端的方式都是最不可取的。

57.他是愛情控制狂嗎

1.他覺得以下哪種狀況對男人的自信力影響最大？

禿頭，形象全沒了→(5)

口吃→(7)

2.結婚典禮上，妳能接受對方把白金戒指充當結婚鑽戒為妳戴在手上嗎？

真的愛對方，我能接受，等以後有錢了再買→(8)

我不能接受→(16)

3.一天，他一時氣急，跟戀人說了句狠話，他很後悔但是又礙於面子開不了口，他會如何收場呢？

如果她不給臺階下的話，就只好分了→(13)

既然她這麼不了解自己的個性，索性分了算了→(12)

4.觀察一下他的身體，妳認為他身體的哪個部分最怕被別人搔癢呢？

全身都怕→(11)

腳底吧→(9)

5.同事喝水的時候聽到了好笑的事，一不小心把水全噴在他的身上，他會怎麼辦？

不理會，自己默默擦掉→(6)

怒吼：「你給我擦！」→(13)

6.他回家過年的時候，認為要為自己的父母買點禮物嗎？

要，好好孝敬父母→(4)

不要，這樣做父母不一定開心，反而會説浪費→(2)

7.他會接受分手之後，對方又主動回來的感情嗎？

不接受，好馬不吃回頭草→(3)

看情況吧→(10)

8.第一次在戀人家裡吃團圓飯，他很緊張，一點也不自在。當別人都開動的時候，他才會拿起筷子吃飯，那麼他會先從哪裡開始吃呢？

先吃幾口白飯→(15)

先從自己喜歡吃的菜開始→(16)

9.假設婚禮即將開始，這時造型師推翻了他之前的建議，另外選了兩款新包包，下面兩個他會挑哪一個呢？

色彩豔麗、水晶裝飾的緊口包→(17)

絢麗銀色水鑽包→(18)

10.他有一個友人，在他認識的人裡面半數人說他好，另一半人說他壞，他覺得這個人是個好人還是個壞人呢？

好人→(12)

壞人→(15)

11.回顧一下妳的2012年，妳過得幸福嗎？

很幸福→(16)

不幸福→(17)

12.一天，他在古玩商店找到了古代傳說中的武林祕笈，他翻開書看了一下，裡面有兩種功夫：凌波漫步和乾坤大挪移，他想先學哪一招呢？

凌波漫步→(14)

乾坤大挪移→(15)

13.他認為人生中最大的樂趣是什麼？

做了一件超級正確的事情，受到別人的誇獎→(12)
跟朋友説憋在心中很久的真心話→(18)

14.如果有一天永遠沒了太陽，他會怎麼樣？
歡呼雀躍，終於可以天天睡大覺了→ C
閉眼等死吧，世界已經沒有希望了→ B

15.冬天很冷或者夏天很熱的時候，商店都會開空調，
那麼他進出時有隨手關門的習慣嗎？
有→ D
沒有→(17)

16.仔細觀察一下，他圍圍巾的方式是怎麼樣？
放在衣服裡面→ E
很隨性地圍成一堆→ B

17.一天，妳突然有急事外出，妳來不及通知他，他打
了很多通電話給妳，都沒有找到妳，事後他會──
生妳的氣→ A
忘記這件事→ C

A 他想要控制妳的人。

他知道妳的心思藏得很深，當他以為他已經完全征服妳這個人的時候，可能他連妳心的50%都不了解。所以面對這個難題，他寧願退而求其次，控制不了妳的心，控制妳的人也是可以的，他會盯妳盯得很緊喔。

B 他對愛情比較偏執，但還沒有到控制狂的地步。

也就是說他那些奇怪的不切實際的想法還處在他的大腦中，現在實現他的想法還是有一定的距離。妳要做的就是在它們還沒有實現之前，將它們統統扼殺。

C 他是一個很隨意的人，是一個愛情自由主義者。

他不想控制誰，也不想被誰控制。兩個人在一起，有愛情有感覺自然就會走在一起；一旦愛情消失了，勉強在一起，誰控制誰又有什麼意思呢？

D 他想要控制妳的心。

現在的你們，彼此相親相愛、無憂無慮地生活著。假

設有一天，你們迫於某種外在的壓力，不能彼此長相廝守下去，他得不到妳的人，他會想方設法讓妳把心永遠留在他這裡。

E **妳的人和妳的心他都想控制。**

他是一個控制慾很強的人，妳和他在一起，他想要妳的全部，三心二意或者心不在焉都不是妳的最佳選擇，這很可能意味著妳低估了他。在情場上低估了自己的對手可是一件很可怕的事情，妳會把自己陷入被動的局面，那就很難掌握整個大局了。

58.妳的戀愛智商有多高

若妳是賣衣服的路邊攤販，碰到下雨天妳會怎麼辦？

A、乾脆休息一天

B、在家網拍

C、管他的，繼續賣，多少賺一些

測驗結果

A 一談戀愛妳就變成10歲左右的幼稚小學生

一談戀愛就變幼稚的妳，腦袋只剩下天真與單純的想法，小心上當！這類型的人談了戀愛之後就換了一個腦袋，所有的想法、理性以及專業完全都忘光光，馬上就變成天真可愛的小學生，認為只要對方愛自己就好了，其餘一切都不重要。

B 一談戀愛妳就變成20歲出頭的大學生

談戀愛熱情如火的妳總是充滿鬥志，盡情享受戀愛滋味。這類型的人一旦愛了就沒辦法了，陷入愛情中什麼都忘得一乾二淨，恨不得把所有的時間、精神都給對方，只要對方一聲令下，拚了命也要完成。

C 一談戀愛妳就變得成熟穩重

務實又懂得記取教訓的妳，就算在熱戀中也會保持理性並規劃未來。若選定了對象也會多方面的考慮，對於感情的處理態度非常成熟，而且會很理性地分析以及面對兩人之間的問題。

59.他會跟妳廝守到老嗎

他第一次為妳慶祝生日時，他費盡心思為妳準備的生日禮物，更接近於下列哪一項呢？

A、稱心如意的首飾，例如精緻的戒指
B、精心挑選的時尚服裝
C、生日蛋糕、絢麗的花
D、別出心裁的小旅行

測驗結果

A 妳可以完全放心，妳的他是個富有責任感的男人，對談戀愛鄭重其事。在他心裡，已經把妳當作可以陪他走過一生的另伴侶。他是個溫柔、體貼、善解人意的男人。安下心來，好好愛他吧！

B 妳的他雖然在愛情中表現得積極主動，但談到婚

姻這件事，為時尚早；相反，在這種男性心中，婚姻和戀愛是不能混為一談的，即使他真的很愛妳，也不會預備現在就步入結婚禮堂。妳該為自己做打算了，設法拴住他，還是忍痛割愛，抑或就繼續這麼下去，妳自己決定吧。

C 妳面對的他一定是個經歷豐富、心思縝密的情場高手，單純的妳還是該多長個心眼比較好。妳的戀人是個不喜歡愛情有任何約束與壓力的人。

D 他可是有點危險的男友，這種男人思想比較「先進」，他對愛的追求，絕不僅限於精神方面。最好當心些！

60.你們結婚機率有多大

1.人多的時候，進入電梯裡妳通常是怎麼站著？
面對電梯門站在最裡面→(2)
站在側面→(3)

2.妳的戀人會游泳嗎？
不會→(3)
會→(4)

3.如果遇到某件事情，妳的戀人想逃避，他會去哪？
天涯海角→(4)
避開人群→(6)

4.如果將來妳學車，妳會給教練送禮嗎？
不送，全靠自己的本事過關→(7)
送，怕他不好好教我→(5)

5.如果讓妳必須學一項國粹，妳會選擇什麼？

京劇→(6)

古典樂器→(9)

6.當周圍的人做某一件事情總是做不好的時候，妳的戀人會替別人著急嗎？

會替別人著急，雖然此事和他無關→(7)

一般般，會操點心→(8)

7.妳認為參加朋友婚禮，紅包大概包多少錢即可？

1600元→(8)

2600元→(11)

8.計程車司機和公車司機，妳感覺誰技術比較好？

公車司機→(12)

計程車司機→(9)

9.無聊的時候妳的戀人通常會做什麼？

聽歌→(12)

聊天→(10)

10.妳覺得「笑嘻嘻」和「笑瞇瞇」哪個形象更正派？

笑瞇瞇→(11)

笑嘻嘻→(13)

11.妳喜歡的人出國了，妳會等他嗎？

會，海枯石爛心不變→(13)

不會，人心是會變的→(12)

12.假如真的有世界末日，妳覺得應該是什麼原因導致的？

地震、海嘯、火山爆發等天然災害→(19)

隕石墜落，與地球相撞→(13)

13.下面哪一個是妳覺得最傷不起的事情？

花了7小時完成的企劃案，在儲存時當機了→(14)

寒流時在公車站牌等了2小時，才發現改線路了→(16)

14.假如未來你們結婚之後，老公小氣地竟然提出妳每買兩件衣服必須買給他一件，妳會怎麼做？

幫他買，忍辱負重→(15)

離婚，這麼吝嗇的男人不能要→(17)

15.回想一下，三年來，妳唯一沒有改變的是什麼東西？

理想→(16)

愛情→(20)

16.當不熟的人向妳的戀人借錢時，他會有什麼反應？

很不高興→(17)

還好→(18)

17.很久很久以前，山王的女兒烏瑪愛上了希瓦神。傍晚的時候，烏瑪來到希瓦的神廟中，獻上鮮花和水果。晚禱的鐘聲在天邊響起，一陣輕風拂過她的臉龐。希瓦的聲音悄悄在烏瑪耳邊說道——

人和神是不可以結合的→ A

妳是真心愛我嗎？那麼，證明給我看吧→ C

18.當感情和金錢大決戰的時候，妳會怎麼選擇？

不提感情的事，傷錢→(19)

不提錢的事，傷感情→(20)

19.只要有愛，人就能感受到幸福。妳感受到了嗎？

感受到了→ **D**

沒有感受到→ **C**

20.現在的他最在乎的是什麼？

家庭→ **E**

工作→ **B**

測驗結果

A 結婚機率10%

說實話，他的玩心還是比較大。他認為，老婆就是和自己媽媽是同樣角色，天天嘮叨，24小時都有奪命連環call，他還不想過早地把自己捲入婚姻的漩渦中。

他覺得30歲還小，35歲也不大。如果讓他以結婚為前提戀愛，他多半會閃人。

B 結婚機率20%

很遺憾，妳的他幾乎是從來沒有想過這麼嚴肅、深沉的問題，每當妳逼問他的時候，他多半會顧左右而言他，不

願意正面回應這個問題。那麼，就多給他一些時間吧，反正不和妳結婚是他的損失！

C 結婚機率40%

目前妳對他來說，妳還在他的考察階段。

也許你們之間接觸的時間不是太長，也許他是一個比較小心謹慎的人，總之這一段時間妳要好好表現，等試用期過了，一切就大功告成了。

D 結婚機率60%

妳就是他心目中的女神，自從遇見了妳，他以前固守的信仰全部都瓦解了，將會重新構築以妳為中心的新信仰體系，對妳說的話言聽計從。

如果有天女神玩夠了單身生活，想結婚定下來了，他一定會奉陪到底的。

E 結婚機率80%

有人說：「一切不以結婚為前提的戀愛都是耍流氓。」基於這一點，他還是抱著比較端正的態度和妳談戀愛的。不過目前他對妳還在考察和考驗階段，究竟你們之間能不能修成正果，就看你們之間的緣分有多深了。

153

61.從膽量看妳的愛情結局

高空跳傘很危險，但也很刺激，妳會去嘗試嗎？

A、打死我都不去

B、雖然很怕，卻硬著頭皮試試看

C、既然有人敢做，我也做吧

D、假裝有心臟病

測驗結果

A 十足的理性，但對愛情容易封閉自己，很怕吃虧，一眼望去給人的印象是不太開朗，所以很可能在感情上遭到封殺。在此建議妳，有時候不要想太多，勇敢一點，妳會覺得事情沒有想像中來得恐怖。

B 勇於嘗試是妳的優點，因此妳只要喜歡一個人就會傳出訊息讓他知道，明明他有女朋友，妳也不管。比較感

情用事，使妳的情緒不太穩定，喜歡時很喜歡，一旦興趣減少了，妳可能半途而廢。所以既然喜歡他，也採取行動了，就不妨勇敢地努力下去，也許會有成果。

C 在感情上絕對坦白，也是愛情的常勝軍，但有時就是太有自信了，反而把一些男人嚇跑，所以偶爾試試欲擒故縱，或若即若離來吊他的胃口。

D 做什麼事總是要找藉口、愛面子，有時會害死妳的。在愛情上如果藉口太多，會使妳得不到戀人的信任，要小心！

62.妳的男人會疼惜妳嗎

妳跌到一個洞穴裡面，快要死掉時，哪一種死法是妳最害怕的？

A、被一堆黑寡婦蜘蛛咬死

B、被好幾條大蟒蛇纏到窒息而死

C、被十幾隻大老鼠一口口咬死

測驗結果

A 男人偶爾會想疼惜妳

因為把吃苦當吃補的妳，什麼事都能夠自己吞忍下去，只有偶爾撒嬌的時候，男人才會想要疼惜妳。所以選擇這個答案的朋友，要常常變成小女人，妳的另一半才會想到要疼惜妳，否則的話妳太堅強了，另一半會覺得反正妳就是愛吃苦，就讓妳多吃一點也沒有關係！

B 男人不會想疼惜妳

因為個性堅強的妳，什麼事都一肩扛，能力比男人還要強，男人倒還希望妳能夠多疼惜他呢。其實這類型的人就是現在的女強人，那當然也不能怪妳，因為妳非常的專業，而且非常的聰明，妳的能力其實比任何人甚至男人都還要強十倍，因此妳做起事來是條理分明，做什麼事情都非常的清楚。所以另外一半其實有時候還希望妳能多開導他、多指導他，然後偶爾能夠疼惜他、哄哄他，給他自信心呢。

C 恭喜妳，妳的男人當然會想疼惜妳喔！

因為越來越有女人味的妳，懂得讓自己更有魅力，男人現在看到妳都忍不住多疼惜妳一下。其實這類型的人，愛自己的女人是最美的，妳會讓自己永遠保持著光鮮亮麗，當然妳的另一半就會很不放心妳、很疼惜妳啦！

63.妳晚年的婚姻會幸福嗎

在妳眼前有一張祖父母合照的照片：祖母笑容滿面，而祖父卻表情嚴肅──祖父的手擺出什麼姿勢呢？

A、直立不動，手部緊握

B、手握著祖母

C、手放在背後

D、手放在前面

E、手臂高舉揮動的姿勢

測驗結果

A 妳在年輕的時候，對人生就抱持過分認真的態度。當然，對婚姻生活或自己的工作都有一定的理念，並循規蹈矩。

不過，由於過度堅持自己的理念，等上了年紀之後，往往會被認為是老頑固，這樣反而可以防止老年癡呆症的發

生也說不定。

B 妳上了年紀後，反而會比年輕時更具有魅力。在夫妻感情方面，雖然不可能保持年輕時那般如膠似漆，但會培養出另一種愛的表達方式，使彼此關係更為親密。

C 妳在年輕時喜歡成功的男性，而且會建立以丈夫為主的家庭。不過，這只限丈夫還在工作時，一等他退休後，下場將非常悲慘。不僅認為丈夫成天無所事事，而且會馬上厭倦目前的生活型態，這時就會產生「我的人生究竟是什麼」的疑問。

D 崇尚自然，想法也相當前衛，即使上了年紀，也不可能會是很拘謹的人。當然，在生活方面，不再像年少時那麼固執，而是像每天過著愉悅生活般，保持著積極的態度。還有，在活動上希望能有老伴參與，所以會一起旅行，或培養共同的興趣，在外人的眼中，是一對有理想的老夫婦。

對妳而言，在年輕時由於個性奔放，夫妻之間偶爾會發生爭執。不過，隨著年齡的增長，反而成為一項優點，使老年的夫妻生活更增添活力。

159

E 妳比較會考慮到自己的生活，與其追求家庭中的小小幸福，還不如參與社會活動，讓自己活得有意義些。當然，如果丈夫也認同這種方式，那麼自己將能永遠保持年輕。由於不願意承認自己是老人，所以寧願帶孫子出外遊玩，也不願困守在家中。這種個性，在家庭中反而會受到尊敬。不過，雖然自己如此，但絕不可以強迫另一半也過同樣的生活，否則會發生問題。

64.妳在婚姻中的自我意識

妳和戀人將出發去兩天一夜的旅行，在準備時，你們的行李是如何打包的呢？

A、把兩個人的行李，隨便地裝入一個行李箱中

B、個人的行李，各自放在自己的旅行箱中

C、準備大型旅行箱，將兩個人的行李依序整齊裝入

測驗結果

A 把行李放在同一個行李箱，卻沒有區分的混裝，這是最危險的典型，因為勢力範圍的意識十分薄弱，所以你們屬於熱得快，冷得也快，你們的關係要有被理想對象替代的心理準備。

B 你們屬於不想生孩子，而且夫妻兩人都有工作的「頂客族」。這種類型彼此的勢力範圍明確，但是會因為勢

力範圍意識強烈造成我行我素。「頂客族」聽起來好像很瀟灑，但這一類夫妻往往為了顧全工作而分居，因此不想讓婚姻生活成為彼此牽絆。而對結婚懷有羅曼蒂克浪漫夢想的人，那就要多花心思來培養兩人的共同興趣了。

     C 你們互相重視對方的勢力範圍，共居一室卻具有協調的精神，可說是結婚的理想典範。將兩人的東西分別裝入大行李箱象徵著家庭，帶著象徵家庭的大行李箱的男性，會具備使女性感到一家之主的形象，所以當女性遇到這種男性，內心便會有和他廝守終身的念頭，這種男性結婚後，很會照顧妻子。

65.適合你的工作環境

　　你正身陷逆境，有位朋友來好心相勸。可是，他(她)的話不但沒有起到安慰你的作用，反而讓你非常反感。朋友究竟對你說了什麼會這樣呢？

　　A、你還需要再加把勁兒，加油吧！
　　B、好可憐啊，我真同情你，心裡肯定不好受吧。
　　C、身處逆境的不只你一個人，大家都一樣。
　　D、勝敗乃兵家常事，別灰心。

測驗結果

　　A　對員工的勤奮努力給予充分肯定的工作環境最適合你。你已經在埋頭苦幹拚命工作了，如果還聽到別人讓你「再加把勁兒」的話，就會抱怨「我還要怎樣努力呢」。這樣的你，適合進入那些能夠對你的工作給予客觀評價，對你的勤奮給予充分肯定的單位，比如：政府機關，銀行，學

校，清正廉潔的公司等。

B 適合從事能夠自己做決定的自由職業。你一直很倔強，不想在別人面前暴露自己的弱點。聽到「令人同情」之類的話時，你覺得這是對你的侮辱。這樣的你，適合從事那些可以自己做決定，自己負責的工作或者是自由職業。行業方面沒有什麼限制，只要能得到相應回報的工作，就能激發你的幹勁。

C 富有創造性，尊重員工個性的環境最適合你。你希望自己的個性以及創造力能夠得到別人的認可。因此，聽到「大家都一樣」這樣的話時，你會覺得「自己的能力沒有得到別人的肯定」。這樣的你，適合在那些尊重個性與創造力，尊重個人見解的環境中工作，如出版，廣告等富有創造性的行業或者經營裝飾品行業等。

D 肯定工作業績的營業部門最適合你。你希望自己的工作成果得到他人的認可與讚賞，你不想面對失敗。安慰的話最傷害你的自尊心。完成某項任務，創造某項成果時，你希望能夠得到肯定，因此，你適合在營業，銷售，保險，外勤以及看重個人形象的美容行業工作。

66.自我實現的需要

1.我總是不斷提高奮鬥目標。

A、完全不同意

B、非常不同意

C、稍有不同意

D、無所謂

E、稍有同意

F、非常同意

G、完全同意

2.我並不苛求自己。

A、完全不同意

B、非常不同意

C、稍有不同意

D、無所謂

E、稍有同意

F、非常同意

G、完全同意。

3.我擇業時很看重在工作中能否不斷提高能力。

A、完全不同意

B、非常不同意

C、稍有不同意

D、無所謂

E、稍有同意

F、非常同意

G、完全同意

4.我喜歡既省力又收入高的工作。

A、完全不同意

B、非常不同意

C、稍有不同意

D、無所謂

E、稍有同意

F、非常同意

G、完全同意

5.我總是樂於嘗試沒做過的事。

A、完全不同意

B、非常不同意

C、稍有不同意

D、無所謂

E、稍有同意

F、非常同意

G、完全同意

6.我的天賦如果不被別人看重，我寧可放棄。

A、完全不同意

B、非常不同意

C、稍有不同意

D、無所謂

E、稍有同意

F、非常同意

G、完全同意

測驗結果

評分標準

A：1分　B：2分　C：3分　D：4分　E：5分

F：6分　G：7分

得分6～22分：自我實現需要較低

得分在23～34分：自我實現需要中等

得分在35～42分：自我實現需要較高

　　分數越高，表明對該需求越在意，這方面需要的滿足越可能牽動大量精力，成為生活的核心焦點。

　　一個人由低到高有五個方面的需要：基本生存需要，安全需要，歸屬和愛的需要，自尊的需要和自我實現的需要。這五種需要在層次上先後順序，對於大多數人來說，只有當較低層次的需要得到一定程度的滿足後，更高一層次的需要才會成為個體關注的焦點。

　　需要指出的是，某種行為並不一定簡單地對應於某種需要，決定行為的因素是多方面的，比如，吃飯有時是因為飢餓，有時是為了發洩自己的不滿，有時卻是為了慶祝某件事。對於社會中的大多數人來說，這五種需要都在一定程度上得到了滿足，只是有些人還在為滿足基本的需要而奔波，而另一些人卻能夠將生活的重心放在如何發展和完善自己、如何施展自己的潛能上。

　　一個人的需求層次越高，他就越重視選擇職業是否能符合個人的發展，對職業期望往往也越高，建議擇職時眼光要放得長遠些，選擇那些最能使你發揮潛能的工作。

67.你是職場「豬頭」嗎

死巷內發生老婆婆被殺死，你是著名的神探，你猜她是被哪種武器殺的呢？

A、菜刀

B、斧頭

C、水果刀

測驗結果

A 你的工作表現爛到讓老闆對你忍無可忍恨不得想殺掉你：這類型的人心裡要有準備，在老闆心中不僅僅是豬頭，甚至可能在很短的時間叫你滾蛋，因為老闆心中雖然有期待，可是這類型的人永遠都只能做到20分、10分，目前屬於留校查看的階段，如果不好好奮發向上的話，可能就是下一個被裁員的對象。

B　工作認真個性迷糊的你老闆看到你又好氣又好笑：這類型的人在工作上非常認真努力，本分之內都會做得非常好，可是在生活上個性上會比較迷糊散漫，在老闆眼中看起來像是個永遠長不大的大孩子。

　　C　表現像猴子般靈巧聰明的你老闆對你疼愛有加：這類型的人工作表現都讓老闆覺得非常靈巧非常聰明，不僅在專業上非常認真，而且在待人處世以及人際關係上都做得非常好，在老闆心中地位越來越重要。

68.你的工作態度及格嗎

1.如果髮型是直長髮，你打算改變時會選擇？

直短髮→(4)

燙長捲髮→(2)

2.你上班用哪一種包？

手提包→(3)

背包或側背包→(5)

3.你喜歡哪種類型的襯衫？

素色襯衫→(6)

花樣襯衫→(7)

4.第一天到新公司上班，你會穿什麼顏色的外套？

深藍色→(5)

灰色→(6)

5.上班穿的鞋子大多是什麼款式？

高跟鞋→(8)

低跟或平底鞋→(6)

6.第一次領薪水想買衣服慰勞自己，你會買？

短裙的套裝→(9)

長裙的套裝→(7)

7.穿深藍色的套裝時，你會穿什麼顏色的絲襪？

象牙白或白色→(8)

肉色或棕色系→(10)

8.穿深藍色外套和白色襯衫時，你會配什麼飾品？

珍珠項鏈→(10)

別針→(13)

9.穿深藍色夾克，你會配什麼衣服？

圓領棉T恤→(10)

襯衫→(11)

10.你一個月花多少置裝費及美容保養費？

1000元以下→(12)

1000元以上→(14)

11.上班時你化妝嗎？

全套彩妝→(12)

只有簡單淡妝→(15)

12.你的血型是B型嗎？

是→(14)

不是→(13)

13.你會帶什麼飯上班？

點心和麵包→(16)

日常飯菜→(15)

14.坐在上司面前，你的姿勢是？

正襟危坐→(16)

兩腿斜向一邊併攏→ **A**

15.你喜歡戴哪種類型的耳環？

大一點→(16)

小一點→ **B**

16.疲倦時你會吃什麼？

糖果→ **C**

口香糖→ **D**

測驗結果

A 畏畏縮縮、息事寧人型

　　你不喜歡與人發生衝突，凡事都以息事寧人的態度去處理，說好聽點是相當隨和，難聽點就是沒主見、愛逃避。該說的時候就要說，不要怕與別人發生摩擦，只要是正確的、有理的事情就應該據理力爭，息事寧人絕不是解決事情的有效方法。

B 與世無爭、淡泊名利型

　　你的個性淡泊，名利對你而言根本不重要。不過，你雖想與世無爭，但是人在江湖身不由己，還是會被捲入一些是非中，此時你不應置身事外，要及時反擊，否則會一發不可收拾。

C 乾淨利落、衝鋒陷陣型

你凡事都很積極，給人相當強勢、企圖心強的感覺，易遭人嫉妒與排斥。在上司眼中，你是個值得信賴的下屬，所以升職的機會比別人多。此類型的人多屬少年得志型，千萬要注意搞好人際關係，好人緣會對你有意想不到的幫助！

D 行事謹慎、按部就班型

你遇事不會驚慌，所以周圍的人十分信賴你，你的人緣也很不錯。你對人生有自己的一套理論與規劃，並會一步步去實現，對工作也是一樣，所以比同齡人來得成熟、有成就。不過，有時過於有原則會令別人受不了你，要知道擇善固執相當重要！

69.你在職場中的親和力強嗎

1.近期工作很多，你的下屬卻在此時提出請假，而且是因為私人的事情(對他來說很重要)，你會怎麼做呢？

A、由於太忙，不予批准

B、告訴他你很想幫助他，但現在實在是太忙了

C、給他一定的時間，讓他安心處理好事情，並盡可能地給予幫助

2.假如你是剛上任的部門經理，你會怎樣處理與下屬的關係？

A、公是公、私是私，不與下屬有過多私人交往

B、新官上任三把火，對下屬嚴格要求樹立自己的威信

C、主動與下屬交朋友，參加集體活動

3.作為經理，在實施重要計劃之前，你認為：

A、先取得下屬贊同

B、自己要有魄力決定一切

C、應該由下屬決定一切

A、對能力較差的下屬應多監督

B、應親近能力較強的下屬

C、應以平等的態度對待每一名下屬

5.如果你是位經理，你的下屬大衛生病請假了，你會怎麼做呢？

A、利用業餘時間去照顧他，希望他早日康復

B、打個電話問候一下

C、一聽說他生病了就去看他

6.你是經理，一位下屬向你獻上有關提高效率的建議，他的建議是你過去已想過並打算實施的，那麼，下面哪種方法較好？

A、告訴他你真實的想法，但也對他給予充分的肯定

B、閉口不提你以前的想法，只讚揚他的合作精神

C、告訴他這是自己早就想到的，並且正準備實施

7.你是經理，你的下屬在工作中出了錯誤，而且錯誤給公司帶來了很大的損失，公司上層準備嚴肅處理，此時，你會怎麼辦？

A、讓下屬認識事情的嚴重性，讓他作自我檢討

B、安慰犯錯的下屬，告訴他誰都可能犯錯

C、與下屬一起思過，主動與下屬一起承擔責任

8.你希望一位同事按你的建議去做，應怎麼辦？

A、盡量使他認識到建議至少有一部分出自他的頭腦

B、盡量找出他建議中的問題讓他主動放棄

C、說出自己建議的優點讓他接受

9.假設你是鞋店老闆，有位女士來你店中買鞋，由於她右腳略大於左腳，總也找不到她能穿的鞋，你覺得應該如何解釋，你會如何措辭？

A、「女士，你的右腳比左腳大。」

B、「女士，你的左腳比右腳小。」

C、「女士，你的兩隻腳不一樣大。」

10.關於對下屬進行讚揚和批評，你的看法是：

A、對犯錯的下屬要嚴厲批評，以免重蹈覆轍

B、經常讚美下屬，使他們積極地工作

C、慎用讚美，以免下屬過於驕傲自滿

測驗結果

參考答案

1：C　2：C　3：A　4：C　5：B　6：A

7：C　8：A　9：B　10：B

答對6題以下

說明你的親和力較差。

你缺乏領導者的素質，你現在不應做成為領導者的美夢，應該在生活中、工作中多多培養自己的親和力，與人為善、平易近人，都應是你的座右銘。

答對6～8題

說明你的親和力一般。

你也許能成為領導者，可是你不會是一個優秀的領導者，但也不必氣餒，在工作中你應與同事打成一片，和他們建立深厚的友誼，只要具有深厚的友誼，誰又能說你不具備親和力呢？

答對8題以上

説明你具有較強的親和力。

如果你成為了領導者，你會注意與下屬交往時的話語，你關心下屬、勇於承擔責任，你與員工之間存在著濃厚的友情，在你的領導下，團隊內部氣氛和諧。可以説，你會是一位受下屬愛戴、敬仰和平易近人的領導者。

70.你在職場夠成熟嗎

莉莉在一家很大的金融公司工作。

一天老闆擬了一份兩頁長的計劃書，可是莉莉認為這個計劃很有可能增加成本，或者會引起客戶和員工不滿，總之不切實際，而且無法實施。

你覺得莉莉會怎樣處理這件事情呢？

A、第二天早上，去老闆的辦公室，告訴他這個計劃書不切實際，無法執行。

B、採取迂迴的方式告訴老闆自己對於計劃書的看法，最終的決策還是由老闆做。

C、暫時拋開自己的想法，按照老闆的計劃書執行，等到出現問題後再提出自己的想法和建議。

測驗結果

A 第二天早上，去老闆的辦公室，告訴他這個計劃

書不切實際，無法執行。

你的職場成熟度看來不是很高啊！你的舉動在一開始就讓老闆有了防備之心。實際上，還會讓老闆感覺到你似乎不夠資格管理這一切。

給你的職場小建議是：當你對老闆的決定有不同意見時，不要直接說出你不同意老闆的意見，要知道你的這種表現會讓老闆覺得你在質疑他的權威，本來你是好心建議，最後反而會讓自己處於很尷尬的地位。

B 採取迂迴的方式告訴老闆自己對於計劃書的看法，最終的決策還是由老闆做。

看來你已經是職場老鳥了。你非常懂得用婉轉的方式向你的上司去闡述你的觀點。你深知，如何在照顧老闆面子和實現自我價值上取得完美的平衡。相信你的職業道路也會走得比其他人都要輕鬆、順暢的。

C 暫時拋開自己的想法，按照老闆的計劃書執行，等到出現問題後再提出自己的想法和建議。

你已經在職場中有所歷練了，但是，這樣的做法不是最好的選擇。要知道，老闆不喜歡那些當面質疑他權威的人，但是也同樣不喜歡自己的下屬，老是以一副「事後諸葛

亮」的形象出現。

　　如果真的有更好的想法，建議你在仔細地想清楚以後，用一種婉轉的方式向老闆提出來。這樣不僅照顧到了老闆的面子，還讓自己的想法得以實現，更好的是，會讓老闆覺得你確實是在為公司的利益考慮，相信以後也會更加重用你的。

71.你升職的優勢點

　　深夜由車站步行20分鐘才回到家，門已鎖，家人已沉睡，怎麼都無法吵醒他們，但二樓燈還亮著，你會怎麼做？

A、到附近的店坐坐，再打電話，如果不行就坐到天亮
B、回到車站打電話
C、弄壞門或窗的鎖，或用鐵絲想辦法開門

測驗結果

A 你是運動型

　　把經營事業看做賭博或運動，做事穩妥，但也很重視新點子，偶爾冒險。

B 你是企業人才型

　　你很重視人際關係與團體工作，認為應與之共存共榮，很用心去掌握對方心情。

C 你是具有一技之長型

　　有專門知識，若加倍提升素質，努力強化自己的專門技術，在各行各業中出人頭地，就是所謂有技藝在身的人。

72.阻撓你職場成功的心態

前些日子你才剛以競標的方式向A、B兩家公司提出要求，要他們為你所負責的商品製作廣告。

某天下午，你收到一樣沒有署名寄件人的禮物，不過，你心裡有數，看來這份禮物可能是其中一家公司寄來的。請問在這種情況下，你的反應比較接近哪個答案？

A、先確認送禮的人是誰之後，再委婉地回絕對方。

B、總之，先打開來看看。如果是自己喜歡的東西，就先收下。

C、跟上司商量看看再做決定。

測驗結果

A 因過於受到道德觀念的束縛，有不懂得變通的傾向，想必大概是自幼父母管教嚴格，絲毫不敢越軌。但若想在事業上有所成就的話，就必須在各方面尋求自我的突破。

不過，潛意識卻害怕如此，因而產生矛盾的心態。建議你不妨慢慢調整自我，而不要突然地做太大的轉變。

B 可以看出貪小利的心態。選此答案的人，從某個意義上來說，是對自己的人格特質有著相當強烈執著的人。在你的觀念裡，成功不等於自己的立場。因此，對工作似乎也不太起勁，不過，請不要忘記，甚至有很多女性，即使結婚生子之後，仍然堅守工作的崗位。

C 表示有依賴心或逃避責任的心理。選此答案的人，具有拒絕長大的傾向。因為有不願成為大人的心態，所以，在無意識中會認為成功等於必須為工作負責。
建議你不妨冒險為自己的事業做一番賭注。或許會為你帶來意外的刺激。

73.職業倦怠測試表

在進行測試時，請不要猶豫，看懂題意後馬上做答，然後計分。

1.你是否在工作餐時感覺沒食慾，嘴巴發苦，對美食也失去興趣？

A、經常

B、有時候

C、從來不

2.你是否感覺工作負擔過重，常常感覺難以承受，或有感覺喘不過氣來？

A、經常

B、有時候

C、從來不

3.你是否感覺缺乏工作自主性，往往只是主管說什麼才做什麼？

A、經常

B、有時候

C、從來不

4.你是否認為自己基本上待遇微薄，付出沒有得到應有的回報？

A、經常

B、有時候

C、從來不

5.你是否經常在工作時感到睏倦疲乏，想睡覺，做什麼事兒都無精打采？

A、經常

B、有時候

C、從來不

6.你有沒有覺得公司待遇不公，常常有受委屈的感覺？

A、經常

B、有時候

C、從來不

7.你是否在以前一直很上進，而現在卻一心夢想著去休假？

A、經常

B、有時候

C、從來不

8.你是否會覺得工作上常常發生與上級不和的情況？

A、經常

B、有時候

C、從來不

9.你是否覺得自己和同事相處不好，有各種各樣的隔閡存在？

A、經常

B、有時候

C、從來不

10.你是否在工作上碰到一些麻煩事時急躁、易怒，甚至情緒失控？

A、經常

B、有時候

C、從來不

11.你是否對別人的指責無能為力，無動於衷或者消極抵抗？

　　A、經常

　　B、有時候

　　C、從來不

12.你是否覺得自己的工作不斷重複而且單調乏味？

　　A、經常

　　B、有時候

　　C、從來不

測驗結果

選A得5分，選B得3分，選C得1分，將各題得分相加。

12分～20分

你沒有患上職業倦怠症，你的工作狀態不錯。

21分～40分

你已經開始出現了職業倦怠症的前期症狀，要警惕，並應盡快加以調節。

41分～60分

你對現在的工作幾乎已經失去興趣和信心，工作狀態很不佳，長此以往對個人的身心健康和工作都非常不利，應當引起重視，可以請求心理諮詢師給予諮詢和幫助。

74.測試你是否具備創業潛質

> 你的公司在一座8層的大廈裡，你希望自己的工作地點在哪一層？
>
> A、一層或二層
> B、三層或四層
> C、五層或六層
> D、七層或八層

測驗結果

A 你的創業意識較強，能腳踏實地，是個務實的創業者，但有時遇到問題過於猶豫，往往失去好的發展機會。

B 你很務實，有很強的思考能力，是非常精幹的創業者，只是過於機敏反而容易誤失時機。

C 你能夠抓住時機迎頭而上，具備超強的市場洞察力，並且能夠聽從他人的指正，是位非常有潛質的創業者。

D 你具有不服輸的性格，具有力壓群雄之勢，有競爭力，對自己創業充滿信心，但要避免出現急於求成的心態。

75.你會被淘汰嗎

1.你是你工作崗位「非你莫屬」的人物嗎？

2.你是有敬業精神，屬於認真工作的人嗎？

3.你和你的工作團隊配合默契嗎？

4.你的老闆是個不愛挑剔的人，他對你的態度很好嗎？

5.你與頂頭上司是否很合得來？

6.如果你以前一直被邀請參加重大決策的討論，而現在還被邀請嗎？

7.公司關鍵人物決策時還再徵求你的意見嗎？

8.你的公司培養你擔任一個更好的職務，並告知你是下一個人選，而且他們最終選用擔任了這個職務的還是你嗎？

9.你仔細想想，最近管理層是否發生了人事變動？你屬於新管理層想任用的自己人嗎？

10.你的老闆告訴職員說，他歡迎大家提意見。但是，他對你的建議是否持歡迎態度？

11.好差事總是分配給其他的人，每次有挑戰性的任務，明明你是業務經理，上頭總是分派給別人，而是讓你在部門當中擔任低級別的工作嗎？

12.管理層的每個人都沒有向你透露消息，但他們看見你的時候是否有點神秘兮兮，甚至繞路而行？

13.以前，你總是因為出色的工作受到表揚，而現在，每當你完成一個項目，是否會被告知沒有達到預期效果？

14.你對工作不再充滿樂趣，向別人透露過嗎？

15.你是否屬於上班偷偷聊MSN，經常愛請假的人？

16.公司裡，你是否屬於那種「只是低頭拉車，而不抬頭看路」的人？

17.你是個精英，周圍嫉妒你的人不少，其中有和管理層相處甚密的人嗎？

18.你不停地提出對本部門的改進意見，結果你的意見是否石沉大海？

19.公司調整工資，你覺得自己業績不錯，但是卻沒給你加薪，你發過牢騷嗎？

20.你的辦公室裡，有專門挖掘「黑色隧道」的辦公室小人嗎？

測驗結果

1～10題答「是」得1分，答「否」得0分

11～20題答「是」得0分，答「否」得1分

總分在0～7分

説明你的職場處境非常危險，很有可能被炒出局，未雨綢繆是你明智的選擇。但是你要不改正自己的問題，那就很危險了。

總分在8～14分

説明你在模稜兩可之間，也有危險，也許透過爭取，有留下來的餘地，但是你要很好的反思，吸取教訓，及早處理好工作中於你不利的問題。

總分在15～20分

説明你暫時還沒有危險，但是面對風雲變化的職場，你也不要掉以輕心，要確實自己的職業生涯和坐穩眼前的位置，金飯碗抓住了才是你的。

76.你的工作壓力有多大

請回想一下自己在過去一個月內有否出現下述情況：

1.覺得手上工作太多，無法應付。

2.覺得時間不夠，所以要分秒必爭。例如過馬路時闖紅燈，走路和説話的節奏很快速。

3.覺得沒有時間休閒，終日記掛著工作。

4.遇到挫敗時很易會發脾氣。

5.擔心別人對自己工作表現的評價。

6.覺得上司和家人都不欣賞自己。

7.擔心自己的經濟狀況。

8.有頭痛/胃痛/背痛的毛病，難於治癒。

9.需要借煙酒、藥物、零食等抑制不安的情緒。

10.需要借助安眠藥來幫助入睡。

11.與家人/朋友/同事的相處令你發脾氣。

12.與人傾談時，容易打斷對方的話題。

13.上床後覺得思潮起伏，很多事情牽掛，難以入睡。

14.太多工作，不能每件事做到盡善盡美。

15.當空閒時輕鬆一下也會覺得內疚。

16.做事急躁、任性而事後感到內疚。

17.覺得自己不應該享樂。

測驗結果

從未發生：0分，偶爾發生：1分，經常發生：2分。

0～10分

精神壓力程度低但可能顯示生活缺乏刺激，比較簡單沉悶，個人做事的動力不高。

11～15分

精神壓力程度中等，雖然某些時候感到壓力較大，仍可應付。

16分或以上

精神壓力偏高，應反省一下壓力來源和尋求解決辦法。

77.瞭解在工作中的真實感受

　　面對職場這塊魔鏡，你有著怎樣的心境，反射你的事業處在哪個階梯。想知道答案，就做個測試吧：若要上台表演白雪公主的故事，你希望演哪個角色？

A、七個小矮人
B、白雪公主
C、白馬王子
D、繼母

測驗結果

　　A　你菩薩心腸且樂善好施，樹敵少，給人印象好，只是少有回報。具有判斷力是你的優點，好好利用它來發展自己的事業吧。

　　B　你樂觀開朗、嬌憨可愛，大家都很喜歡你，但在

工作上卻對你缺乏信任度。你缺乏洞察力與警戒心，如果想在事業上有所成就的話，你需要學習和歷練。

C 你聽信耳邊風且以貌取人，容易受騙，而且由於對自己的外表有自卑感，常常放棄本應該屬於你的機會。更自信一點，你離成功會更近一些。

D 你富有創造力、嫉妒心重，深謀遠慮而不輕易聽信他人。唯我獨尊而且喜歡被奉承是你的弱點，千萬不要任由自己發展，否則再努力也無法換來財富。

78.你是辦公室的孤兒嗎

如果說你特別喜歡一家咖啡屋，你覺得它能討你歡心的最大原因是什麼呢？

A、視野特別好

B、餐點種類眾多而且品質很好

C、價格公道

D、老闆親切有禮

測驗結果

A 你的確不善於和同事打開話匣子，不是因為講話太直接而傷人，就是因為沒有自信而讓人誤解，你總是過猶不及，同事也不知道要怎麼和你相處，你要小心很可能成為辦公室孤兒。

B 你的同事好友多得不得了，而且三教九流都有。

你這一生中最不缺乏的應該就是「同事朋友」了。你生性樂觀，和你在一起的同事感覺很輕鬆，心情愉快，而你也總是大方地招呼大家，社交手腕十分高明。

C 你一板一眼的性格，可能成為拒絕壞同事的妙方，但也可能成為別的同事想靠近你的障礙。你只能和少數同事打交道，與其他同事則可能產生適應不良的狀況。

D 你不談利益，也不喜歡佔別人便宜，和你相處的最大感覺就是真誠而實在，所以你的同事好友也不少，而且大多數都是與你交心的人。因為現在的社會充斥著虛假和欺騙，像你這種人更是顯得稀有和可貴。

79.愛情與工作

來測測自己對愛情與事業的態度吧。假設你在街上隱約看見一個壯漢被一群人圍著，你認為他正在做什麼呢？

A、正與另一個大塊頭鬥力
B、是售貨員，在叫賣健身器材
C、正表演徒手拉動汽車

測驗結果

　　A　你基本上明白愛情與工作要分清楚，一般來說你是可以做得到的。不過，假如你是女性的話，明白歸明白，但由於你太享受和男朋友纏綿，且非常熱情地投入，每每激情過後都會令你疲倦不堪，令你第二天上班不是遲到，就是要向公司請病假

　　B　你和男伴之間如果持續沒有時間或機會做愛的

話，你就會變得心神不定、煩躁不安，在工作上錯誤百出。總之你一定要學會控制自己的慾望，千萬不要因情慾而影響日常生活，特別是工作。

　　 C 　你是個事業心很重的人，凡事以工作為先，特別是面對極具難度的任務時，你寧可全心投入，推掉愛人的邀約。當然，你一定會因此而與另一半經常爭吵，以你這種性格的人來說，最好是找到一位個性獨立、不癡纏又能尊重自己工作的異性，這樣才能愛情與事業兼得。

80.與同事相處的態度

當你在一家高級西餐廳吃飯，服務生經過你座位旁，不小心打翻了你放在桌上的熱咖啡，結果弄了一小攤污漬在你的衣服上。可惡的是，這個服務生卻沒有道歉的打算，這時，你會：

A、立刻跑去廁所，或只顧擦拭衣服

B、算了算了！下次小心點就好了

C、直接暴打服務生一頓

D、皺眉頭，說：「有沒有搞錯啊？」

E、開口叫其他服務生說：「叫你們經理來！」

F、怒火攻心，說不出話，很想動手打人

測驗結果

A 危機應變能力一流，是大企業中的高效率人員，但有時太迅速的反應會讓其他人錯愕。你迅速的反應是一件

難能可貴的事，更是主管求之不得的事，但是不能太獨斷，否則無法得到大家誠心的認同。

B 雖然有老好人的架勢，但不愧是沙場老將的風範！見多識廣的你可能是個不折不扣的大老闆。

當員工向你頂嘴時，你總會用內在修養將這種不敬化為忠言或反映民意，所以工作上的衝突是少之又少，因為別人知道你會原諒。

C 這樣衝動怎麼能擔當大任呢？平時個性、態度就比較衝的人，相信同事之間都有感覺，尤其是「四肢發達，有勇無謀」的壞印象就會牢牢地套住你，使你日後想轉型都難！

D 在發牢騷的同時，你也正在試著調整自己的心情。只要面部表情能不太表現出生氣的樣子，應該就算不錯了。也許再給你多一點時間，就可以把事情圓滑地解決掉。

但是如果你要繼續嘮叨個沒完，那就可能引起同事或主管的不悅，大家會私下把你列為「溝通障礙」。

E 通常你是一個非常注重管理方式的人。簡單地

說，你可能是一個善於交際的主管級人士；也可能是見多了大風大浪的EQ高手。

當你工作上與人發生衝突時，你馬上想到的辦法是：請更高的上司來裁決。但同時在你決定如此做的時候，可能已經得罪了許多人啦。因為其他人會認為你有打小報告之嫌，而主管也會認為你的處理能力不佳。衝動指數30％。

F 當你在工作上與同事或老闆意見不合時，你只會暗暗發牢騷，很少發表你真正的想法，如此一來，就算你有滿肚子的好意見，別人也永遠無法知道。當然要選擇用和顏悅色的溝通方式，而不是靠大聲就會佔上風。

81.事業心

> 如果有一天你要出國了，是第一次而且是一個人出國，來到一個語言不通的國家，你會最害怕什麼？
>
> A、護照證件不見了
> B、身上沒有一毛錢
> C、被以犯罪嫌疑拘留
> D、受騙，遇到壞人

測驗結果

A 你的事業心很重，為了向光明的前程衝刺，你可以暫時不顧兒女私情。你的愛情也不喜歡對方太粘你，喜歡享受對方的愛卻又吝於付出。成功的背後的確是需要一個偉大的男(女)人，只是對方也有被愛的權利。

B 你的事業占60％，愛情占40％。基本上你的另一

半如果不是感情用事的人，相信你們會是很幸福的一對，很多事情也都可以一起面對。平常可以享受感情的甜蜜，也間接化解了工作上可能面對的壓力。只是有時候壓力常來自於工作，你也常因此而不小心傷害了愛自己的另一方。

C 你的事業占40％，愛情占60％。你是一個很重感情的人，有時候寧願成全愛情，也甘心放棄自己辛苦打拼的事業。只是愛情也不能沒有麵包，這個社會實在是樣樣都要錢。沒有了過得去的經濟環境，你也可能得不到心裡憧憬的愛情。

D 你的事業占20％，愛情占80％。基本上你的事業心本來就不算重，甚至也不喜歡工作，所以你會花很多心思在愛情上，也容易博取對方的好感進而使他願意跟你在一起。等到婚後才會感受到「巧婦難為無米之炊」，沒有錢是多麼可怕的一件事。

82.團隊中你扮演什麼角色

今天天氣不錯，你走到體育中心，發現一個可愛的小女孩手裡拿著一個氣球，正覺得眼前的一切都非常美好，突然女孩子手一鬆，氣球從她手中飛走，你覺得氣球最後會怎樣？

A、會有一位大人把氣球追回來

B、被鳥啄破

C、掛在樹枝上

D、飛到高空看不見了

測驗結果

A 選這個答案的人常會扮演妹妹般的角色，在團體裡很受眾人疼愛，你可以繼續發揮你的長處，讓更多人喜歡你。

B 選這個答案的人雖然平常不多話，但你心思縝密，只要一開口，你的意見就會很受重視。建議你繼續保持優勢，少說無謂的話，讓自己顯得更有權威感。

C 你是一個領導者！你的高瞻遠矚很受眾人信賴，你應繼續引領大家走下去。

D 你很有創意和靈感，在團隊中，你最好去負責一些策劃方面的事務。你的想像力和創造力會讓別人大吃一驚。

83.你需要跳槽了嗎

1.你覺得公司所在行業的前景是？

A、正在走下坡

B、像一件太緊的內衣，令人很不舒服

C、穩如泰山

D、像一件穿了很舒服的老舊牛仔褲

2.在公司表現不錯，你可以獲得？

A、肩膀上被拍幾下

B、開什麼玩笑，在這裡只有拍馬屁的人才會被重用

C、沒有所謂的表現不錯

D、尊敬、重用和獎勵

3.公司老闆與員工之間的關係？

A、像《紅樓夢》裡的王熙鳳與平兒

B、老闆做的事換了任何人都能辦得到

C、我幾天也見不到老闆一次

D、還行啦！老闆做事滿公平的

4.目前的工作？

A、整天都是麻煩事，只盼著下班

B、做一天和尚撞一天鐘

C、難度很大，我有點怯陣

D、很有挑戰性，信心百倍

5.整體而言，我的同事？

A、對我的私事比對自己的工作更感興趣

B、比我爸媽更煩

C、同事，我工作忙時沒有一個人與我共事

D、他們是我所信任的人，也使我很快樂

6.你有工作安全感嗎？

A、我覺得朝不保夕

B、我不可能逃過解雇這一劫

C、略加努力一番就沒問題了

D、固若金湯

7.工作之餘，你有其他愛好嗎？對你的工作有幫助嗎？

A、有愛好，但與工作無關

B、沒有愛好

C、有幫助

8.你的才能？

A、沒變化

B、日益荒廢

C、與日漸增

測驗結果

A得1分，B得2分，C得3分，D得4分。

分數為8分以下

你是到了好好尋求新機遇的時候了。

分數為9～21分

你隨時準備換工作，只要遇到合適的。

分數為22～27分

你對自己的職業具有高度滿足感，對你而言，年關更多的是享受一年勞作的成果。

84.你為了成功如何奮鬥

測試：十五年前的今天，你和你的初戀情人分散兩地，情人移居海外。臨走時，她(他)説：「十五年後的今天，我們在老地方見！」

十五年轉瞬即逝，今天大喜的日子終於來臨了。但你卻忘掉了何處是老地方，不停地思索也想不出何處是老地方，只記起其中四個比較有可能性的地點，究竟你會去哪一個地點呢？

A、地鐵站

B、百貨公司門口

C、咖啡室

D、畫廊

測驗結果

A 看風駛船、見風轉舵，用在你身上是最合適不過，你見人說人話，見鬼說鬼話，精得跟猴子似的。

B 你的人生奮鬥過程充滿了苦與樂，所以你很會存錢，平時有鬥志的你，雖然遭遇挫折，也能百折不撓，最後沒有大成就，也肯定會有小成就。

C 你是那種封建時代遺留下來的人類，但現在這個社會，埋頭苦幹是沒有人理的，要用點小技巧，對愛情也是一樣，不可蠻幹，以免前功盡棄。

D 你是個說一不二的直人，不過幸好你很樂觀又隨緣，所以雖然不會為五斗米折腰，有陶淵明的氣質，但仍能以積極的態度對待生活。是能贏得人生的人，好極了！

為你開啟知識的殿堂
一篇篇精彩故事，都讓你拍案叫絕、讚嘆不已

成語大師來踢館之接龍填空

看到成語就讓你一個頭兩個大嗎？
放下那些對成語既有的偏見與成見吧！
藉由遊戲讓成語不再棘手、也不再晦澀難懂，文采
也從此大大向前邁進一步！

把成語當遊戲：
每天玩一玩，速成成語王

是不是每次看到成語就一個頭兩個大？
想到又要去翻架上的書磚就心有餘而力不足嗎？
把那些迂腐的學習方式都丟掉吧！
藉由遊戲吸收知識才是最事半功倍的學習方式。
怎麼玩？翻開這一本，再也沒有不會的成語！

非玩不可：成語實力大升級

將成語與填字遊戲巧妙串連起來，以多字、四字等
成語為主要元素設計出了構思巧妙、趣味無窮的填
字遊戲，讓你在生活中可以靈活應用，並且幫助你
的國文造詣更上一層樓！

為你開啟知識的殿堂
一篇篇精彩故事，都讓你拍案叫絕、讚嘆不已

讓你大開眼界的世界奇聞異事

你可能不認識這些人，但是你一定要知道他們的故事！有人的記憶只有短暫的20秒！有人整形了51次只為了變成埃及豔后！

告訴你從遠古到現在，許多關於人類的奇聞軼事。看看在世界角落，究竟發生過什麼奇事！

讓人驚奇的世界民俗風情

在夏威夷，每當遊客來臨時，夏威夷的旅遊局都會在告示板寫上「切勿取走夏威夷境內任何沙石」，許多遊客以為是環保原因，不要破壞大自然環境而已，但其實是因為夏威夷族人的一個毒咒……

失落的歷史寶藏之謎

千百年來，無數的尋寶者不斷在各地尋找這些財寶！不過，誰也無法知道，這些寶藏最後究竟會落到誰家之手。至今仍有大批珍寶沉睡世界各地等著被尋找。這些財寶是否已有人偷偷地帶走了？這對渴望尋寶的人們來說，仍然充滿著謎。

為你開啟知識的殿堂
一篇篇精彩故事，都讓你拍案叫絕、讚嘆不已

考古探祕：千年寶藏之謎

動盪的年代，無以計數的國家珍寶或毀於戰火，或流失海外。對於歷史上的寶藏一說，後人各執一詞，究竟藏於哪裡？是否真有寶藏？這一個個千古之謎，吸引著人們不斷追尋和探究……

驚訝程度100％！你沒聽過的歷史真相

屈原為何要投江？而且還選擇在楚國認為是鬼節的五月初五這一天？岳飛背後的「精忠報國」真的是他母親所刺？還是另有其人？
顛覆你的所知！這些歷史上的文人墨客祕案及背後的真相，將讓你大開眼界！驚訝100％！

歷史上最不為人知的神祕怪事與驚悚奇聞

大千世界，向來無奇不有，彷彿成了人們生活中的一部分，人們對待這些奇事也總有好奇之心。

歷史上一樁樁奇事令人們感慨，但更多的時候也令人們震撼！

永續圖書
線上購物網

www.foreverbooks.com.tw

◆ 加入會員即享活動及會員折扣。

◆ 每月均有優惠活動，期期不同。

◆ 新加入會員三天內訂購書籍不限本數金額，
即贈送精選書籍一本。（依網站標示為主）

專業圖書發行、書局經銷、圖書出版

永續圖書總代理：
五觀藝術出版社、培育文化、棋茵出版社、達觀出版社、
可道書坊、白橡文化、大拓文化、讀品文化、雅典文化、
知音人文化、手藝家出版社、璞珅文化、智學堂文化、語
言鳥文化

活動期內，永續圖書將保留變更或終止該活動之權利及最終決定權。

i-smart

智學堂
智慧是學習的殿堂

★ 親愛的讀者您好，感謝您購買 ___真心話大考驗 Part 2___ 這本書！

為了提供您更好的服務品質，請務必填寫回函資料後寄回，
我們將贈送您一本好書（隨機選贈）及生日當月購書優惠，
您的意見與建議是我們不斷進步的目標，智學堂文化再一次
感謝您的支持！
想知道更多更即時的訊息，請搜尋"永續圖書粉絲團"

您也可以使用以下傳真電話或是掃描圖檔寄回本公司電子信箱，謝謝！

傳真電話：　　　　　　　　　電子信箱：

（02）8647-3660　　　　　　yungjiuh@ms45.hinet.net

姓名：＿＿＿＿＿＿＿ ○先生　生日：＿＿＿＿＿＿＿　電話：＿＿＿＿＿＿＿
　　　　　　　　　 ○小姐

地址：＿＿＿＿＿＿＿＿＿＿＿＿＿＿＿＿＿＿＿＿＿＿＿＿＿＿＿＿＿＿＿

E-mail：＿＿＿＿＿＿＿＿＿＿＿＿＿＿＿＿＿＿＿＿＿＿＿＿＿＿＿＿＿＿

購買地點（店名）：＿＿＿＿＿＿＿＿＿＿＿＿＿　購買金額：＿＿＿＿＿＿＿

職　　業：○學生　○大眾傳播　○自由業　○資訊業　○金融業　○服務業　○教職
　　　　　○軍警　○製造業　○公職　○其他＿＿＿＿＿＿＿＿＿＿＿＿＿＿＿

教育程度：○高中以下（含高中）　○大學、專科　○研究所以上

您對本書的意見：☆內容　　　　　○符合期待　○普通　○尚改進　○不符合期待
　　　　　　　　☆排版　　　　　○符合期待　○普通　○尚改進　○不符合期待
　　　　　　　　☆文字閱讀　　　○符合期待　○普通　○尚改進　○不符合期待
　　　　　　　　☆封面設計　　　○符合期待　○普通　○尚改進　○不符合期待
　　　　　　　　☆印刷品質　　　○符合期待　○普通　○尚改進　○不符合期待

您的寶貴建議：

請沿此虛線對折免貼郵票，以膠帶黏貼後寄回，謝謝！

智慧是學習的殿堂

永續圖書線上購物網
www.foreverbooks.com.tw

i-smart